おうち時間が楽しくなる！

家事の裏ワザ

生活の達人倶楽部 編著

ロング新書

まえがき——今だからこそ、お金と時間をかけずに家事をこなすワザを手に入れよう

掃除、洗濯、片付け、住まいの手入れ……手間や時間ばかりかかって面倒だと思っていませんか？　でも今のこんな時期だからこそ、ちょっとサボリ気味だった家の掃除や洗濯、整理整頓を改めて始めてみませんか。

そんなとき、この本で紹介する裏ワザやアイデアを実践すれば、家事はラクラク、スピーディに楽しくできます。しかもお金をかけない節約・省エネのエコなワザばかり。最近は家事を便利にするグッズ、高性能の掃除機や洗濯機、各種洗剤などが売られていますが、それらすべてを購入するにはお金がかかります。この本では、お金をかけずに家にあるものやナチュラル素材を工夫して家事をラクにするワザから、話題の家電製品や住居のワザまで収めました。

ミセスはもちろん、独身女性も、男性も、一家に一冊常備していれば、とにかく便利で役に立ちます。

目次

第1章 ピカピカ掃除の裏ワザ

第2章 キッチンをピカピカにする裏ワザ

第3章 上手な洗濯の裏ワザ

衣類の洗濯からシミ抜き、アイロン、干し方まで

第4章 片付け・収納の裏ワザ

第5章 住まい・家具の裏ワザ

第6章 家電を上手に使いこなす裏ワザ

第7章 おしゃれグッズをきれいにする裏ワザ

第8章 ガーデニングの裏ワザ

第1章
ピカピカ掃除の裏ワザ

掃除をラクにするグッズ

家の汚れは場所によって特徴がさまざまだ。それぞれの場所に合った道具をそろえておけば、掃除はラクにスムーズにできる。いま、通販でいろいろなグッズが売られているけれどお金がかかる。お金をかけずに家にあるものを活用しよう。

★ そろえておきたい掃除グッズ

掃除機、ほうき、はたき、雑巾は基本の道具。そのほかにそろえたいのは、

①軍手、ゴム手袋――ゴム手袋の上に軍手をはめれば雑巾がわりに。
②ブラシ、歯ブラシ――細かい部分の汚れ落としに。
③割り箸、竹串、綿棒――細かい部分の汚れ落としに。
④ガーゼ、輪ゴム、サンドペーパー
⑤スポンジ、亀の子たわし
⑥古ストッキング、古ジーンズ、フリース、古セーター――汚れ落としに最適。

⑦針金ハンガー、スリッパ、新聞紙
⑧アクリルたわし

★アクリルたわしを作ろう

主婦の間で人気のアクリルたわしは、住まいの掃除からキッチン掃除、食器磨き、自転車や車の掃除、家電製品のホコリ取りなどあらゆる掃除に威力を発揮する便利グッズだ。

これは、アクリル一〇〇%の糸で編んだ小さなから拭《ぶ》き用の布のこと。毛糸屋さんや手芸用品店で一個数百円くらいで販売している。カラフルな糸で編んだもので、四角や、円形、花形、人形などがあるが、可愛らしくてインテリアにもなり、キッチンやダイニングに飾っておくこともできて、女性に人気。

アクリル糸の細かい繊維がミクロの汚れをかき出すので、洗剤をつけなくてもあらゆるものをきれいにする。しかも使った後は水洗いして干すだけで何度でも使える。自分でアクリル糸を買ってきて好きな形のものを作ることもできるし、家にある古セーターの毛糸をほどいて作れば、お金もかからない。子どもといっしょに楽しみながら作ってみよう。

★住居用洗剤って何があるの？

住居用洗剤もキッチン用、トイレ用、風呂用など掃除する場所によってさまざまなものが売られているが、すべてそろえる必要はない。使用法を間違えると効果がないばかりか、危険なこともあるので基本的な知識は身につけておこう。市販の住居用洗剤にはアルカリ性、弱アルカリ性、中性、酸性がある。

アルカリ性はキッチンのレンジやグリルの頑固な油汚れや、浴室のひどいカビ落としに。

弱アルカリ性は壁や床、浴室など一般的な住居の汚れに。

中性は浴室やトイレの軽い汚れに。浴室、トイレは毎日こまめに掃除していれば、ほとんどは中性洗剤でＯＫ。市販のトイレ用洗剤もほとんどが中性だ。

酸性は強力なので、トイレのしつこい汚れに使う。黄ばみや尿石のかたまり除去に最適だが、強力で便器を傷める危険性があり、注意が必要。

★住居用洗剤のほかにそろえたいナチュラル素材

①**重曹**　正式な化学名は炭酸水素ナトリウム。塩の仲間のようなナトリウム化合物のひとつで、汚れ分解、消臭、料理など生活のあらゆる場面で使うことができる。

②**クエン酸**　酸性なので、水あかなどアルカリ性の汚れ落とし、抗菌に。クエン酸の結晶が薬局で販売されているので、一～二％に薄めた液を常備しておくといい。トイレの黄ばみ取りなどの頑固な汚れには五％くらいの液にする。

③**酢水**　食用の酢を水で二、三倍に薄めた液を作っておき、スプレー容器に入れて常備しておくと便利。

④**レモン、塩、ミカンなど柑橘類の皮**

★重曹について知っておこう

重曹は塩よりもやわらかい結晶で、白い粉末で薬局やスーパーなどで売られている。粉末のまま使ってもいいし、水で溶かした重曹水を作って使ってもいい。一カップの水に、小さじ二分の一の重曹水が、一％の濃度で掃除用には最適だ。

重曹には研磨作用、中和作用、消臭作用、吸湿作用、発泡・膨張作用がある。研磨作用があるので、水をつけて磨くと効果がある。ただし木製品、畳、ガラスなどは傷がつく恐れがあるので注意が必要。

重曹はなんでも弱アルカリ性にする中和作用がある。身のまわりにある汚れはほとんどが酸性なので重曹で中和させて、汚れを水に流すことができる。

重曹と酸が中和すると、水と二酸化炭素が発生する。その二酸化炭素の細かい泡を利用して排水口などの頑固な汚れを浮き上がらせたりするのに使う。

効率のいい掃除の手順

★掃除の基本は「上から下へ」

ホコリは上から下へ落ちる。先に床に掃除機をかけてから棚の上や家具など高いところを拭くと、またホコリが舞い落ちてきて、また掃除機をかけなくてはならなくなり、二度手間に。

どこを掃除するにも「上から下へ」の手順が原則。また、掃除機をかけるときも、上から下へ。まず、天井、壁など高いところからかけていき、最後に床をかける。

★奥から手前へ

掃除を効率よく行うための、もうひとつ大事な手順は「奥から手前へ」。ホコリに気づいたところから掃除機をかけていたのでは、いつまでも終わらない。そこで、部屋の奥から入口手前へと決める。これは一度掃除したところを踏まないためで、入口から遠い奥から掃除をして入口付近で終わらせる。

拭き掃除や、ワックスがけの場合も、奥から手前へが原則。

★洗剤は直接汚れにかけない

壁や家具の汚れを落とすとき、住居用洗剤を壁などの汚れに直接かけていないだろうか。まずは洗剤をスポンジや雑巾にふくませてから拭いてみる。洗剤や薬品によっては、壁や家具を傷めるものもある。まずはスポンジや雑巾で試してから拭くことだ。

★壁に洗剤、拭くのは「下から上へ」

スポンジで試してみて、材質を傷めないとわかったら、汚れに直接洗剤をつけていいが、このとき「下から上へ」つけて、拭き取りも下から上へ。上から下に洗剤をつけると、液垂れがしてしまい、真っ白い壁などはその跡が取れなくなってしまうことがあるからだ。

浴室をピカピカにするワザ

★浴室の黒ずみは古ジーンズで

浴室は常に高温多湿でカビが繁殖しやすい環境のうえ、石鹸カスや人のアカ、水アカなどがたっぷり。ちょっと油断していると、水アカや人のアカで浴漕や浴室の壁、床などが黒ずんでくる。あわてて浴室用洗剤をつけてゴシゴシとこすっていないだろうか。

そこで裏ワザの登場だ。どの家にも、はき古して捨ててもいいジーンズが一本くらいあるだろう。これを適当な大きさに切り、少し水をつけて黒ずみをこするだけ。ジーンズの生地は縦糸と横糸がデコボコに織られているので、これがアカ落としに最適で洗剤を使わなくてもきれいに落ちる。洗剤不要で効果バツグン。

古ジーンズは浴室のほか、キッチンのシンクの水アカや浴室の鏡、茶碗の茶シブ取りにもいい。ただし新品のジーンズは色落ちするので使わないように。

★バスタブの汚れは重曹で

浴室はすぐにカビが生えるし、バスタブには皮脂やアカがこびりついて掃除が面倒という人は多いことだろう。そんな人におすすめのワザは、お風呂に入るときに重曹を使うこと。風呂のお湯に重曹の粉を大さじ二、三杯入れて溶かし、入浴するのだ。重曹は入浴剤がわりになり、なめらかなお湯になるし、雑菌の繁殖を抑えるので、お湯を入れ替えなくても家族の何人もが使える。

入浴が終わったら重曹入りのお湯をひと晩そのままにしておくと、バスタブの汚れが溶けだすので、翌日の掃除がラクになる。翌日掃除するときは、スポンジに重曹を少量つけてバスタブを磨くだけ。

★浴室のカビにサランラップかトイレットペーパー

浴室の黒カビ取りはどうしているだろうか？　カビ取り用洗剤をつけてすぐにゴシゴシ

と力を入れてこすっていないだろうか？

じつは力を入れてもすぐにこすったら効果はない。カビ取り用洗剤を吹きつけたら、サランラップをつけて密閉する。

ラップをつけたら半日からひと晩おく。すると、あとはゴシゴシとムダに力を入れなくても、シャワーで洗い流せばラクラクきれいにすることができる。ラップの代わりにトイレットペーパーでもよい。

★タイルの目地のカビは砂消しゴムで

浴室のカビで厄介なのは、壁や床のタイルとタイルの間にこびりついている黒カビだ。生えてすぐならまだいいが、日がたってしまうと、カビ取り用洗剤をつけてこすっても、頑固でなかなか落ちない。といって、強力な塩素系漂白剤を使うのは、体によくない。とくに小さい子どもがいる家庭では使わないほうがいい。

そこで、洗剤を使わず取るには、砂消しゴムでこするといい。黒カビ部分だけをゴシゴシこすればきれいになる。

★タイルの目地のカビ予防にロウソクを塗る

せっかくきれいにしても、浴室のタイルの目地には、すぐにまたカビが生えてくる。これを予防するには、よく乾燥させてから目地にロウソクのロウを塗り込んでおけばいい。ロウがカビをシャットアウトしてくれる。

★シャワーヘッドの目詰まりは酢で

シャワーの水の出が悪くなったら、水アカや皮脂の汚れがついて穴が目詰まりを起こしている証拠。

これを解消する簡単ワザがある。酢を使うのだ。洗面器いっぱいのぬるま湯に酢をカップ半分くらい入れてシャワーヘッドを一時間ほど浸けておくだけ。目詰まりの原因の水アカや汚れがきれいに取れる。そのあと、古歯ブラシなどで磨いておけばＯＫ。

★浴室の鏡のくもり防止にじゃがいもの皮

浴室の鏡は湿気でくもってしまうが、これを解消するワザがある。くもり止めスプレーなどが市販されているが、わざわざ買わなくても家にあるものを活用できる。

長くもたせるには、じゃがいもの皮が一番！　じゃがいもの皮を少し厚めにむいて、実がついているほうでこすり、タオルでから拭きするだけで、くもり止めが長くもつ。これはじゃがいもに含まれているサポニンという成分が界面活性剤の働きをするからだという。

★鏡のくもりに歯磨き粉、シェービングクリーム

浴室の鏡のくもり止めに、じゃがいもがないときはどうするか？　練り歯磨きならどの家にもあるだろう。それを少量つけてこすり、水で洗い流すだけ。お父さんのシェービングクリームでも効果がある。くもり止めは四～五日はもつ。

★お風呂のお湯をきれいにするワザ

お風呂のお湯は何人かが続けて入ると、アカが浮いてきて汚れてくる。そのたびにお湯を入れ替えていたのでは、ガス代と水道代がかかってしまう。

そこで、そんなときは、新聞紙を広げてお湯の上に静かにのせてしばらく置く。二分くらいおいて新聞紙を取り除くと、アカや汚れが吸い取られてお湯がきれいになる。

★浴室の蛇口の黒ずみは歯ブラシと歯磨きで

浴室の蛇口は湿気や水アカですぐに黒い汚れがこびりつく。これを取るには、歯ブラシと歯磨きが最適だ。練り歯磨きをつけた歯ブラシで蛇口をこすると面白いように取れる。

★蛇口の黒ずみは重曹水で

キッチンペーパーかティッシュペーパーを重曹水に浸し、蛇口にグルッと巻きつけてしばらく放置しておく。二、三時間たったらキッチンペーパーやティッシュをはずして歯ブラシでこすると、黒ずみはきれいに取れる。

★バスタブの蛇腹式ふたは亀の子たわしで

バスタブのふたには、蛇腹式にクルクル巻くタイプと三枚くらいに分かれているものがある。蛇腹式のふたは溝がたくさんあり、この溝に汚れやカビがこびりつくと取るのがたいへん面倒になる。

ブラシの歯が長短長短と蛇腹式ふたに合わせて作られている専用のブラシもあるが、必ず溝のサイズに合うわけではないので、亀の子たわしのほうがラクに使える。ふたをバスタブの上に置いて平らにした状態で台所用クレンザーをまき、亀の子たわしでこするといい。

★排水口の頑固な汚れと臭いは重曹と酢

皮脂や髪の毛などのゴミが浴室の排水口に付着すると、ドロドロとした汚れになって詰まりや悪臭の原因になる。これは重曹と酢できれいに取れる。

まず、排水口に重曹の粉を約二分の一カップくらい振り入れる。次に同量の酢を入れ、ぬるま湯を流しこむ。すると、重曹と酢が反応して泡立ってくる。二〇〜三〇分ほどそのままにしておき、その後、歯ブラシでこすってぬるま湯で洗い流せば、きれいに取れる。

★排水口のつまりに針金ハンガー

浴室の排水口の奥のほうがゴミや髪の毛で詰まってしまうと、浴室のお湯が流れずに床にあふれてしまう。排水口の奥のほうは手が届かないので洗いにくい。

そこでクリーニング屋さんで無料でついてくる針金ハンガーの先を輪にして、これにボロ布を取れないようにしっかり巻きつける。重曹を少量まいて、針金を奥まで差しこんでこすれば汚れが取れる。その後に水で流し、ボロ布は捨てればいい。

トイレをピカピカにするワザ

★トイレ掃除はこまめに酢水で

トイレは汚れをためてしまうと、本格的に掃除しなければならなくなって厄介だが、使うたびにこまめにきれいにしておけば、黄ばみや頑固な汚れにならないもの。

そこで食酢を二、三倍に薄めた酢水をスプレー容器に作り置きし、使った後に便器の中にこまめに酢水をスプレーしておく。これだけで酢水が便器に残った尿を分解して、しつこい汚れがつくのを防いでくれる。

★酢水にアロマを入れてトイレに常備

こまめにスプレーする酢水には、ミントやレモンといったアロマテラピーの精油などを数滴たらして香りをつけ、トイレに常備しておこう。酢水がトイレのいやな臭いを消してくれるうえ、アロマの香りでさらに爽やかになる。

★トイレの掃除にシャンプーを使う

トイレ用洗剤でも落ちない汚れには、シャンプーを使ってみよう。シャンプーには界面活性剤が使われていて、汚れをよく落とす。シャンプーを便器に数滴たらしてブラシで磨くと、泡立ちがよくて汚れを落とすし、シャンプーのいい香りがトイレにただよう。

★黄ばみは酢水とトイレットペーパーで

便器内の汚れがすぐには落ちずに黄ばんでしまったら、黄ばみの上にトイレットペーパをのせ、そこに酢水をたらして二、三時間そのままおいておく。その後、ブラシなどで磨くときれいに取れる。

★頑固な汚れは重曹と酢で

便器内の頑固な汚れを取るには、まず酢を一カップほど便器内にふりかけて一時間ほどおく。トイレの尿などの汚れはアルカリ性なので、酸性の酢をかけると分解されて落ちやすくなるからだ。さらに重曹をひとつかみほど便器に入れてブラシでこすると、シュワシュワと泡が立って汚れをきれいに落としてくれる。

便器の外側とトイレの床や壁は、酢水をつけた雑巾やトイレットペーパーで拭けばすっきりきれいになる。

★頑固な黄ばみは小麦粉で

夜寝る前に便器内の頑固な黄ばみに小麦粉をふりかけた上に、ぬるま湯くらいに熱した酢をカップ半分くらいかけておく。翌朝になってから、ブラシでこすればきれいに取れる。酢は熱したほうが汚れが落ちやすくなるのだ。

★見えないトイレのふちの裏側は軍手で

トイレのふちの裏側は、見えないうえに汚れがたまりやすい。トイレブラシでは裏側をすみずみまで洗いにくく、汚れがたまりがちになる。

そこで、ゴム手袋をはめた上に軍手をはめて、そこに洗剤をつけてふちの裏側に軍手を差しこんで洗えば、すみずみまできれいにできる。手で直接便器をさわることに抵抗があっても、ゴム手袋の上に軍手をすれば大丈夫だ。

★トイレの室内に衣類の粉末洗剤を置く

衣類の粉末洗剤を小型のビンなどに入れてふたをせず、トイレの片隅に置いておく。すると、粉末洗剤のいい香りがトイレの消臭剤のかわりになり、常に爽やかになる。さらに粉末が湿気も吸い取ってくれる。

とくに、トイレの消臭剤の人工的な臭いが気になる人にはおすすめだ。

玄関をピカピカにする裏ワザ

★玄関のゴミを掃除機で吸い取るには

玄関は外から運ばれてきた泥やゴミ、ホコリがたくさんたまる場所。掃除機をかけてゴミを吸い取らせたいが、部屋用の掃除機のノズルを玄関のたたきで使うのは抵抗がある。

そこで、ひと工夫。トイレットペーパーの芯の片方の先を斜めにカットする。この芯のカットしていないほうをノズルに差し込んで使えば、ノズルを汚すことなく掃除機を使うことができる。

★たたきは茶がらやコーヒーかすをまく

玄関のたたきをほうきで掃きたいが、狭い玄関で掃くとホコリが舞い上がってすごいことになる。そこで、茶がらやコーヒーかすをたたきにまいてほうきで掃く。ホコリが舞わずに、細かいゴミも茶がらやコーヒーかすについて、スムーズに取り除くことができる。

★雨の日の玄関のたたきには新聞紙をしく

雨の日は、靴が濡れて泥汚れもひどくなる。そのまま玄関のたたきに置いたのでは、たたきが汚れて後の掃除が面倒になる。そこで雨の日は、たたきに新聞紙をしいて靴の汚れや水分をたたきにしみ込ませないようにしよう。

★下駄箱の臭い消しにコーヒーかすと重曹

下駄箱には常に湿気がこもっていやな臭いが発生する。消臭スプレーも売られているが、スプレーしたときはいいが、すぐにまた臭いがこもってしまう。

そこで、重曹の粉末を一つかみか二つかみほど、小さな布袋などに入れて下駄箱の隅にいつも入れて置こう。重曹が常に臭いを取り去ってくれる。二カ月に一度取り替えるくらいでいい。重曹のかわりにコーヒーかすも効果がある。

★下駄箱の掃除には刷毛と古ストッキング

下駄箱にはいろいろなゴミがたまりがち。ときどきすべての靴を出して刷毛《はけ》でゴミを出そう。そのとき、茶がらを使ってホコリをたてないように。その後、古ストッキングを丸めて酢水をつけて磨けば完璧だ。

★ドアノブは軍手に洗剤を吹きつけて

玄関のドアノブは、毎日、大勢の人が握るので、じつは手アカや汚れがついているのだが、ついつい掃除し忘れがちだ。そこで、手に軍手をはめて、指先に酢水や重曹をひとつまみつけてドアノブを握るようにして拭けばいい。最後にから拭きすればＯＫだ。

フローリングの床を磨くワザ

★フローリングの床は米のとぎ汁で

フローリングの床は木目の光沢が美しいのが魅力だが、しだいに光沢が薄れてくる。ワックスがけをすると光沢がもどるが、ワックスがけは面倒だ、というときは、米のとぎ汁で磨くといい。米のとぎ汁をスプレー容器に入れて床にまいて五～六分おく。すると汚れが浮きあがってくるので、乾いたボロ布で拭けばピカピカになる。

★古くなった牛乳で床磨き

古くなった牛乳があれば少量をボロ布につけて床を磨こう。牛乳にはワックスと同じ効果があるからだ。その後でから拭きする。乾燥すれば牛乳の臭いも気にならない。

★薄い酢水で床磨き

フローリングの床が湿気でベトベトする、何となく薄汚れて見えるというとき、すっきりさせるには、酢水が一番だ。酢には物質にしみ込んで溶解する働きがあるので、水拭きより効果がある。酢水は食用の酢を水で二、三倍に薄めた液を作り置きしておくといい。それをスプレー容器に入れて、ボロ布やキッチンペーパーにスプレーして床を拭く。酢水は乾くと跡も臭いも残らないので、その後で、から拭きする必要もない。

★フローリングの床磨きに重曹はNG

トイレ、浴室、キッチン掃除に衣類の洗濯と、万能選手の重曹だが、フローリングの床を重曹で磨いてはダメ。重曹には研磨作用があるので、フローリングのワックスをはがしてしまう。木製品に重曹は使ってはならないことを覚えておこう。木目を傷つけるし、白木は黒く変色させてしまう。重曹を薄めた液で拭くといいという人もいるが、基本は重曹ではなく酢水を使うこと。

★古ストッキングでラクラク床掃除

フローリングの床のゴミやホコリをラクに取るアイデアを紹介。スリッパに古ストッキングをかぶせて床をすべるように歩くだけ。静電気の力で、面白いようにホコリやゴミがストッキングについて取れる。

★フローリングの傷を直すワザ

フローリングの床は木でできているため、家具を引きずったり、物を落としたりすると傷がつきやすい。傷かくし専用の補修剤やシートが販売されているけれど、そろえているとけっこうお金がかかる。お金をかけずに家にあるものでも十分補修できるのだ。

フローリングの傷かくしは、家にある普通のクレヨンを塗るだけでいい。床と同色のものを選んで塗る。または、使い終わった紅茶のティーバッグを傷にこすりつける。紅茶に含まれているタンニンがフローリングの床の渋い飴色をつけてコーティングしてくれる。

★フローリングのへこみを直すワザ

フローリングの床が家具の重みなどでへこんでしまったら、ちょっとしたへこみなら、濡れタオルをへこみに当ててアイロンをかけるといい。

または、画びょうで気づかない程度のほんの小さな穴を開け、そこに水を一滴たらしてしばらく放置しておく。すると、水を吸収したフローリングが元に戻ろうとしてへこみが直る。

★フローリングのきしみはシャンプーで

フローリングの床は何年かたつと、キュッキュッという音を立ててきしむことがある。床の板と板の間がずれてきしむのだ。これを直すにはシャンプーがいい。板と板の間にシャンプーを数滴たらすだけで、きしみがとまる。ただし、板が反り返っているほど段差がある場合は専門家に相談が必要だ。

★アクリルたわしで床磨き

一五ページで紹介したアクリルたわしはフローリングの床磨きにも最適だ。アクリルたわしをたくさん作って束ね、針金ハンガーの先につけてモップにすると床のホコリ取りにとても便利だ。

壁をきれいに磨くワザ

★しっくいの壁の汚れは消しゴムで

キッチン、トイレ、リビングなど、家のあちこちの壁にはけっこう手アカや汚れがつくものだ。小さな子どもがいると、壁にクレヨンで落書きしたり、手に持った食べ物を押しつけたりなんていうことはしょっちゅうだ。

部屋の壁によく使われている材質にはビニールクロス、紙クロス、布クロス、しっくいなどがある。しっくい壁は水拭きができないので、手アカや汚れを取るには消しゴムで消すか、食パンをちぎってこすってみよう。軽い汚れなら消しゴムや食パンで落ちる。これでも落ちないときは、一五〇番くらいのサンドペーパーで軽くこするといい。

★しっくい壁のボールペンはクレンジングオイルで

白いしっくい壁やビニールクロスの壁に子どもがボールペンで落書きをした。水拭きしても住居用洗剤を使ってても落ちない、というときは、化粧用のクレンジングオイルで落ちる。ボールペンは油性なので、同じ油性のクレンジングオイルがいいのだ。クレンジングオイルを、ボールペンの汚れにつけて古歯ブラシで円を描くようにこすると、きれいに落ちる。その後、布でから拭きすればＯＫ。

★壁のボールペンは酢水と重曹で

さらに、壁についたしつこいボールペンの跡の取り方として、重曹を少量ふりかけてからスプレー容器に入れた酢水をスプレーして、一五ページで説明したアクリルたわしでこすると、見事に取れる。その後、から拭きしておこう。

★壁のクレヨンの跡は練り歯磨きで

壁についたクレヨンも油性でしつこく、水拭きや住居用洗剤でも落ちない。そんなときは、練り歯磨きをつけて歯ブラシでやさしくこすってみよう。きれいに落ちたら、布でから拭きをしておく。

★壁のスイッチボードの手アカは重曹と石鹸で

壁についている照明のスイッチやドアホンなどのまわりは、家族みんながしょっちゅう触るので、とくに手アカが目立つもの。それもしつこくてなかなか落ちない。そんなときは重曹の出番だ。少し湿らせた布に重曹を少量ふりかけ、そこに石鹸水を数滴たらす。この布を少しもんで重曹と石鹸水をまぜ、手アカを拭くと、きれいに取れる。その後は乾いた布でから拭きする。

★ 天井付近の壁は針金ハンガーと古ストッキングで

高くて手が届かない天井や、その付近の壁を拭いたり、ホコリを取るにはどうしたらいいか。専用の長い柄がついたスポンジやワイパーが売られているが、これをそろえるにはお金がかかる。

そこで、針金ハンガーを二本用意する。一本は輪っかのまま縦に伸ばして古ストッキングをかぶせる。もう一本も縦に伸ばして先の一本と、ひもかガムテープで接続させて柄にする。これで、ただで高い部分に届く掃除グッズができる。

★ ほうきにタオルで高い部分の掃除

もう一つ、手が届かない高い部分の掃除グッズのアイデアを。部屋を掃く柄が長い座敷ぼうきを一本用意する。タオル二枚を袋状に縫い、一カ所は開けておく。

この袋をほうきを逆さまにして穂先の部分にかぶせれば、長い柄を使って袋状のタオル部分で壁や天井を拭くことができる。

じゅうたん、カーペットをきれいにするワザ

★カーペットに落ちた髪の毛やゴミを取るコツ

カーペットに落ちた髪の毛やゴミは、カーペットの毛先にからみついて、いくら掃除機をかけても取れないものだ。そこで、身近なものでラクラク取るワザをいくつか紹介する。

まず簡単なのがゴム手袋か軍手をはめて、ゴミをかき出すようにこすると面白いように取れる。乾いたスポンジでこするとゴミも髪の毛も吸いついてくる。

亀の子たわしやペットの毛用のブラシでこする、などでもいい。

★カーペットについたシミ取りの基本

カーペットには食べ物のシミがよくつくものだ。シミはついたらすぐに取ることが肝心。

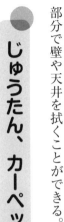

まずは三つの基本の処置を覚えておこう。

①まずは、こぼしたらティッシュで拭き取る。カーペットの繊維の奥までしみ込む前にできるだけ取ってしまうこと。水分はすべてここで取ってしまおう。

②次に、きれいな布に洗剤を含ませてシミをたたきだす。シミを広げないように外側から内側に向けてトントンとたたく。

③その後、きれいな布に水を含ませてこすったりたたいたりして洗剤を取る。最後に乾いた布で水分を拭き取る。

★まずは油性のシミか水性のシミか

上手なシミ取りのコツはシミの種類が何かをつかみ、そのシミに適した処理を行うことだ。水性か油性かで処置の仕方は違ってくる。

時間がたってしまい、何のシミかわからなくなった場合は、シミの部分に水滴をたらしてみる。水をはじいたら油性のシミ。水がにじんだら水性のシミ。

水性のシミはしょうゆ、ジュース、コーヒー、酒類などで、時間が早ければ水だけで落ちる。

油性のシミはチョコレート、バター、油、ラーメン汁、口紅などで、それぞれに合った洗剤や薬剤を使う。

★カーペットにしょう油、コーヒー、ジュースをこぼしたら

ついてすぐなら乾いた布で吸い取り、台所用中性洗剤をつけた布でシミをたたきだした後、水拭きをする。

★赤ワインやビールをこぼしたら

赤ワインやビールは水性のシミだが、時間がたつとアルコールの臭いがカーペットにしみつくので、厄介だ。

水拭きだけではすっきりしない。そこで、こぼした部分に山盛りの塩をのせてしばらく置き、塩にワインやビールをしみ込ませるのだ。その後しばらく放置しておき、掃除機で

吸い取ればきれいになる。

★油やバター、ケチャップ、マヨネーズをこぼしたら

こぼした部分に小麦粉をふりかけて、乾くまでそのままにしておく。小麦粉が油やバターを吸い取るので、その後は掃除機で吸い取る。

★生卵をこぼしたら

卵の上に多めの塩をふりかけて一〇分ほど放置しておく、塩が卵の水分を吸い取って固まらせる。その後、掃除機で塩を吸い取ればきれいに取れる。

★カレーをこぼしたら

こぼした部分からカレーの具をヘラなどでかき出して、クエン酸か酢をつけてトントンとたたき出して乾かす。色素が残っているようなら、重曹をかけてまたトントンとたたく。

★チョコレートをこぼしたら

ヘラなどでチョコレートをかき出してこそげ落とし、洗濯用の中性洗剤を熱湯に溶かして布につけてたたき出す。その後ベンジンで拭けば完璧。

★カーペットにタバコの焼け焦げを作ったら

タバコを吸う人がいる家庭では、よくタバコの焼け焦げをカーペットに作ってしまいがち。小さい焼け焦げなら古歯ブラシでこすって黒くなった部分を取り除く。このとき焦げを広げないように注意すること。その後、その部分に掃除機をかけるだけで、かなり目立たなくなる。

大きな焦げは、毛先が焦げている場合はカッターなどでできるだけ小さく切り取り、同じ生地を、家具の下になって目立たないところから切り取ってボンドで貼りつけて埋める。

小さな焦げなら同じ色の毛糸を使ってもいい。

畳をきれいにする裏ワザ

★ 畳の黄ばみを防ぐコツ

緑色の新鮮な畳は、い草の香りが爽やかで気持ちがいいが、時間がたつとどうしても黄ばんでしまう。この黄ばみを取るには、ミカンの皮が役に立つ。

鍋にミカンの皮五枚くらいと一リットルの水を入れて一五分くらい煮詰めると汁が黄色になってくる。皮を取りだして冷まし、この煮汁を使って雑巾で畳を拭くと、黄ばみを防ぐことができるし、香りも爽やかになる。

★ 黄ばんだ畳の緑色を復活させる

洗面器いっぱいのお湯の中に抹茶を二、三杯入れてかきまぜ、この汁の中に雑巾を浸して堅く絞ってから畳を拭く。新品同様にはならないが、かなり緑色が復活する。

★畳の焼け焦げは

畳にタバコの焼け焦げを作ったら、二、三倍に薄めた酢水をつけてこすると、黒こげの部分が脱色できる。また、オキシドールをぬって脱色しても目立たなくなる。大きな焼け焦げはスチールウールで黒い焦げを取り除いてから、接着剤でその部分を固めるといい。

★畳のカビを取るワザ

湿気が多い梅雨の時期などは、畳にもカビが生えてしまうことがある。ふだんから換気に気をつけていたいが、生えてしまったら、まず、いつもの酢水をボロ布につけてカビを拭き取り、きれいになったら、ドライヤーを数分当てて乾かすといい。

★畳に重曹はタブー

重曹は掃除の万能選手だが、天然素材の畳は木製品と同様に重曹を使ってはいけない。重曹を使うと変色する危険性がある。

畳は基本的にはから拭きがメインなのだ。ただし、から拭きでは取りきれない汚れは酢水やお湯を使って、雑巾をかたくしぼって使うといい。水よりお湯を使ったほうがいいのは、水分の蒸発が早くて乾くからだ。

★畳の目につまったゴミは

い草の緑色がきれいな畳の部屋は、落ち着いて癒されるものだが、畳の部屋は意外とゴミを取りにくい。い草の目にゴミが入り込んでしまい、掃除機をかけても取れないのだ。

そこで、こんなときは畳の目に入り込んだゴミの上に塩を多めにまき、塩にゴミを吸い取らせてしまおう。その後、掃除機で塩を取れば、すっかりゴミが取れるのだ。

★畳にジュースやしょう油をこぼしたら

これも小麦粉をこぼした部分にかけて小麦粉に水分を吸わせ、ジュースやしょう油をかためてしまう。その後、歯ブラシでかたまったものをこそぎだして取れば、すっきりきれいに取れる。

押入れをきれいにするワザ

★押入れの湿気を防ぐコツ

押入れには汗を吸い取った布団をしまううえに、常にふすまを閉めているので湿気がたまってカビが発生しやすい。そこで、湿気をためないためには、ふすまの両脇は常に開けておき、空気が通るようにしておくことだ。

また、湿気取りの専用グッズも売られているが、これをすべての部屋の押し入れに備えるには、けっこうなお金がかかる。

そこで、家にあるものでお金をかけずに湿気取りをしよう。

押入れの中の隙間に新聞紙を丸めたものをいくつか入れておくだけでいい。これが湿気を吸収してくれるのだ、新聞紙は一カ月くらいで湿気るので、新しいものと取り替えるようにしよう。

★重曹で押入れのカビ予防

重曹はムダな湿気を吸収する働きにも優れているので、押入れのカビ防止に最適である。

市販のお茶の紙パック（紙でできたお茶の葉や出汁を入れて煮出すのに使う袋）の中に重曹の粉を入れて、押入れの中に数個入れておこう。

湿気吸収の働きは二、三カ月はもつ。効き目がなくなったら、重曹を取り替えて、古い重曹は掃除用に再利用しよう。

ふすまと障子をきれいにするワザ

★焼けて黄ばんだ障子を白くするワザ

真っ白な障子は気分がいいものだが、年月がたつと障子は日に焼けてどんどん黄ばんでくる。障子の張り替えをすればいいのだが、張り替えは手間と時間がかかる作業で、そうそうできるものではない。

そんなとき、黄ばんだ障子を真っ白にするワザがある。なんと、大根を使うのである。大根おろしの汁を障子に塗るのだ。

大根おろしを作ったとき出る汁をためてキッチンペーパーをひたして絞り、これで障子をていねいに拭く。ゴシゴシとこすってはいけない。乾かせば黄ばみが取れてきれいになる。障子紙に含まれるリグニンという成分が、大根に含まれるジアスターゼに反応して白く変色するのだという。

★障子のホコリを取るコツ

障子の四角い桟《さん》にはホコリがたまりやすいものだが、雑巾などで水拭きしてはダメ。障子紙が黒ずんでしまう。そこで、絵の具の筆や習字の筆を用意しよう。筆でやさしく桟をこすれば、ホコリを取ることができる。

★ふすまの引き手まわりの手アカをきれいにするワザ

最近はビニールクロス製のふすまも使われるようになったが、和室のふすまは紙製が多い。紙製のふすまは洗剤をつけてゴシゴシというわけにはいかない。

ふすまの引き手まわりは手アカや汚れがとても目立つもの。そこで、手アカ落としには消しゴムを使う。ただし汚れがついていないきれいな白い消しゴムに限る。汚れた消しゴムだと、逆にその汚れがふすまに移りかねない。

★ふすま全体の薄汚れを防ぐワザ

小さなシミは、ふすま用の補修の紙でパッチワークのように紙を張りつけて隠す方法があるが、時間がたって汚れが広範囲にわたってひどくなったら張り替えるしかない。

そこで、新しいふすまには防水スプレーを全体にスプレーしておこう。これで汚れがふすまにつくのを防いでくれる。紙や布などに使うことができる防水スプレーが、ホームセンターやスーパーなどで売られている。一本あると便利だ。

★ふすまの仕切りにたまったゴミを取るワザ

ふすまの仕切りにはゴミやホコリがたまりやすく、隅にたまったゴミやふすまの引き戸の下にかたまったゴミは掃除機でも取りにくくて困りもの。

そこで、意外な裏ワザを紹介しよう。輪ゴムを一、二本仕切りの溝に置いて、その上を引き戸を何度かすべらせるのだ。すると、溝の隅にたまったゴミも引き戸の下のゴミも、面白いように輪ゴムにからまって取ることができる。

★ ふすまの引き戸のすべりをよくするワザ

ふすまの引き戸のすべりが悪いと、開け閉めのたびにイライラするもの。そこで、すべりが悪いときは、溝のホコリをはらってから、床用ワックスを塗り込むといい。またはロウソクのロウを塗っても効果バツグン。

逆にすべりがよすぎて開け閉めのたびに大きな音がするときは、溝にベビーパウダーをまいておくといい。

窓ガラスをきれいにするワザ

★ 汚れがたまった窓はサランラップで

窓ガラスにしつこい油汚れなどがたまってしまったら、ふつうに洗剤をつけてこすっても取れないもの。

そこで、ガラス用洗剤や住居用洗剤を吹きつけて、洗剤がガラスの表面から落ちないうちに、ラップを貼りつけて、しばらくそのままにおく。二〇分くらいすると、しつこい汚れやたまった油汚れはサランラップの下に浮いてくる。そこでラップをはがして乾いた布でから拭きすると、すっきりきれいに取れる。

★水と新聞紙で洗剤いらず

窓ガラスの掃除には、ガラス専用の洗剤やガラス磨き用のワイパー、バキュームクリーナーなどが市販されているが、それらをそろえていたら、費用がかかって大変。そんなときはお金をかけずに、水と新聞紙があれば十分きれいにできる。

新聞紙をくしゃくしゃに丸めて水でぬらし、窓ガラスを拭くだけ。水が乾いたらまた水をスプレーで窓ガラスに吹きかけて拭いていく。その後、乾いた新聞紙でさらに磨くと、つやが出てピカピカになる。洗剤やグッズを買わなくてもいいのだ。

★窓ガラスについたシールやテープをはがすワザ

子どもが窓ガラスにシールやテープを貼ったら、取れなくなった、ということがある。そんなときは、酢の原液が役に立つ。酢の原液に浸したティッシュペーパーをシールやテープの上に貼りつけて一〜二時間おき、ヘラなどではがすときれいに取れる。

それでも取れないときは、酢のティッシュをひと晩貼りつけておき、スポンジなどでこするといい。

★窓ガラスについたシールやテープの跡はドライヤーで

ガラスに貼っていたシールやテープをはがしたら、テープについていた糊がガラスに残ってしまい、ベトベトになって困ったということがよくある。

そんなときは、ドライヤーを糊の跡に吹きかけて温めるといい。糊が溶けてくるので、布で拭き取り、酢水かベンジンなどで拭いておけば完璧だ。

★窓ガラス磨きに重曹はタブー

あちこちの掃除に役に立つ重曹だが、研磨、浸透、溶解作用があるので、窓ガラス磨きには向かない。ガラスの目に見えない傷に重曹が入りこんで、研磨作用でますます傷を広げることになる。

窓ガラス磨きには酢水が一番。酢を二、三倍に薄めた酢水をスプレー容器に入れて用意しておこう。汚れが気になるたびに、酢水をスプレーして拭けば、窓は常にピカピカに。

★窓のサッシの溝の掃除ワザ

窓ガラスのサッシの溝には外の泥や土砂、ゴミなどがすぐにたまってしまう。そこで、サッシの溝はこまめに掃除をしたい。溝にたまったゴミは水や洗剤をかけて濡らしてはダメ。乾いた状態のままで古歯ブラシでかき出して、掃除機で吸い取ればいい。溝専用のサッシブラシが売られているが、買わなくても、古歯ブラシで十分に取れる。

または、軍手をはめた両手でゴミをかき出し、軍手についたゴミはゴミ箱へ捨てる。手で直接かき出すと、隅にたまったゴミもよく取れる。

網戸をきれいにするワザ

★網戸の汚れは新聞紙と掃除機で

網戸には外からのホコリや虫の死骸、油汚れなどがついて、けっこう頑固な汚れになっている場合が多い。取り外して水をかけてじゃぶじゃぶと洗い流せればいいのだが、狭いベランダしかスペースがなかったり、取りはずしができない場合も多い。

そこで、新聞紙を使うといい。部屋の中から網戸の部屋側の面に新聞紙を全体に貼りつける。テープでとめていけばいい。次に部屋の外に出て外側から網戸に掃除機をかけて、網目に入ったゴミを吸い取ると、きれいに取り除ける。

★網戸の掃除にアクリルたわし

網戸は水を流せない場所にあるので、乾いた状態で掃除するのがラク。そこで一五ページで紹介したアクリルたわしが役に立つ。アクリルたわしは洗剤をつかわなくても、その編み込んだ細かい繊維がホコリやゴミをかき出すので、網戸の目の奥も掃除できる。

針金ハンガーを縦に伸ばして、アクリルたわしをハンガーの先につければ、手の届かない上のほうもきれいに拭くことができる。

★網戸のたるみはドライヤーで

網戸はしばらく使っているとたるんでくることがある。多少のたるみなら貼り替えなくてもこのワザで直すことができる。たるんだ部分に二〇～三〇センチほど離したところからドライヤーの熱風を当てるだけ。網のたるみの様子を見ながら、熱風を当てたり、止めたりを数回くりかえして調節する。ドライヤーは近づけすぎないように注意して。

★網戸は重曹で拭く

頑固な汚れがついている網戸は、重曹を倍くらいに薄めた重曹水を作り、この液に布を浸して絞り、網戸を拭けば、すっきりきれいになる。

重曹の粉をそのままスポンジにつけて網戸をこすってもいい。

ブラインドの汚れを取るワザ

★軍手を利用する

ブラインドにはタバコのヤニやホコリなどがついて汚くなるのだが、羽根が何枚もあるので、掃除が面倒だ。窓からはずして洗うのも厄介で、はずしたくない。羽根が細かいので掃除機もうまくかけることができない。そこで、軍手で掃除しよう。

軍手を住居用洗剤や重曹を薄めた液につけてかたく絞り、ゴム手袋をはめた上にこの軍手をはめて一枚一枚の羽根を手でこするだけでラクラクきれいにすることができる。

★下にビニールシートをしいて重曹をスプレーする

床が汚れても大丈夫なように、ブラインドの下にビニールシートや新聞紙を広げてしいておいてから、重曹を薄めた液をスプレーで吹きかけてしばらくおく。一〇分くらいすると汚れが浮き出してくるので、それをタオルなどでから拭きする。

カーテンをきれいにするワザ

★カーテンレールにたまった汚れは古ストッキングで

カーテンレールにはホコリがたまりやすいのだが、手が届かない上のほうにあるし、つい忘れがちで、毎日小まめに拭いている人は少ないだろう。

ところが意外にここには、ホコリがたまるもの。そこで、二八ページで紹介した針金ハンガーを縦に伸ばして古ストッキングをかぶせたものが役に立つ。これでこまめに拭いていれば、いつもレールはきれいでカーテンの汚れも減る。

★カーテンは毎日ブラシで

部屋に吊るしてあるカーテンには、ホコリや手アカなどが思いのほかついているもの。でも、カーテンを取り外して洗濯するのは手間がかかって面倒だ。毎日できるわけではない。そこで、毎日のお手入れは、上から下に向かってブラシをかけてホコリを取ろう。これだけでも、汚れはかなり取れる。

第2章

キッチンをピカピカにする裏ワザ

キッチンの掃除で用意したいもの

★重曹

一章の掃除の裏ワザでも紹介したが、重曹はキッチン周りの掃除にも大いに効力を発揮する。塩の仲間のようなナトリウム化合物の一つで、天然のミネラルだから、食べ物を扱うキッチンで使っても人体に悪影響を与えることもないし、エコで環境にやさしい優れモノだ。

重曹には中和作用があり弱アルカリ性なので、酸性の汚れやとくにキッチンの油汚れを中和して水に流せる状態にする働きがある。また、消臭、吸湿作用があり、シンクのゴミの悪臭、排水口の悪臭を中和消臭する働きもある。

粉末で薬局やスーパーで売られているので、常備しておくと、とても便利。粉のまま使ってもいいし、水に溶いた重曹水をスプレー容器に入れて吹きかけて使ってもいい。この場合は、カップ一杯の水に小さじ二分の一の濃度が目安。

★酢

料理に使う穀物酢や米酢などの酢は、酸性の性質を持ち、弱アルカリ性の重曹とは中和する。優れた働きがあり、キッチンの掃除には最適である。

まず、さまざまな物質に浸透して頑固な汚れや水アカなどを溶かす浸透・溶解作用がある。雑菌の繁殖を抑える抗菌作用があるので、生ゴミなどの腐敗防止、キッチン用具の抗菌に役立つ。

消臭作用、還元作用にも優れている。多くの悪臭は酸性だが、トイレのアンモニア臭や魚の生臭さはアルカリ性なので、酢が役に立つ。還元作用とはサビを取る働きで、金属製品のキッチン用具や鍋などを酢で洗うとサビを防ぐことができる。

水で二、三倍に薄めた酢水をスプレー容器に入れてキッチンに常備しておこう。ひどい汚れには薄めず原液のまま使ってもいい。

★クエン酸

クエン酸はレモンなどの柑橘類や梅干しに含まれている有機酸で、酢の仲間。薬局やスーパーで結晶で販売されている。クエン酸も水で薄めてクエン酸スプレーを作っておくと便利。カップ一杯の水に小さじ二杯程度の濃度。

★重曹水、酢水、クエン酸スプレーにアロマの香りを

アロマテラピーで使うエッセンシャルオイル（精油）を重曹水、酢水、クエン酸スプレーの中に数滴たらしてみよう。ミント、ラベンダー、レモン、ローズマリー、カモミールなど、自分の好きな香りのオイルをたらせば、キッチン掃除も楽しくなり、爽やかな香りがキッチンにあふれる。香りだけでなくオイルには抗菌、殺菌、虫よけの効果もある。

★古ジーンズ、アクリルたわしを活用

一章で説明した古ジーンズの切れ端、アクリルたわしはキッチンの油汚れや生ゴミなどの汚れ取りに最適なグッズ。どちらも繊維の細かい織り方や凹凸が汚れをとらえて落とす働きがあり、洗剤を使わなくてもある程度の汚れはきれいにする優れモノ。キッチンに常備しておくと何かと便利だ。

シンクをきれいに保つ裏ワザ

★シンクは一日の終わりに洗剤洗いをする

毎日料理で使うシンクは、ちょっと油断するとすぐにいやな臭いやヌメヌメしたぬめりが出てきてしまう。そこで、一日の終わりにスポンジと台所用中性洗剤できれいにする習慣をつけよう。

寝る前に、スポンジに台所用中性洗剤をつけてシンク全体を磨き、その後、熱湯で洗い流す。熱湯にするのは、雑菌の繁殖を防ぐため。排水口や三角コーナーにも熱湯をかける。これを毎晩続けていれば、ぬめりもひどい汚れもつかず、いつも清潔なシンクを使うことができる。でも、油断してぬめりや頑固な汚れがついてしまったら、台所用クリームクレンザーで磨くといい。

★シンクの汚れはティーバッグで取る

シンクの排水口周りは、どうしてもヌメヌメとした汚れがついてしまうもの。このぬめりを台所用スポンジでこすると、スポンジにぬめりがついて二度と使いたくなるといこうとも。こんなときに、使い終わった紅茶のティーバッグが役に立つ。使い終わったティーバッグでシンクの汚れやとくに排水口まわりをこすれば、紅茶に含まれているタンニンがぬめりや汚れをすっきり取ってくれる。

使ったティーバッグはそのまま捨てればいいので、スポンジを汚すこともなくなる。

★傷つきやすいシンクは野菜の切れ端で

シンクはステンレス製が多いので、固い金属たわしやナイロンブラシでこすると傷がついてしまう。そこで、料理に使った野菜の切れ端をとっておいてシンクを磨くのに使う。野菜は大根、ニンジン、きゅうり、じゃがいも、さつまいもなど、ふだん使っている野菜でいい。洗剤を使わなくても野菜のエキスが汚れを落としてくれる。ひどい汚れの場合は、野菜の切り口にクリームクレンザーをつけて磨くと効果が増す。

★洗剤いらずのシンク磨きは古ジーンズ

古いジーンズの切れ端は、家中のあちこちの拭き掃除に役立つ優れモノだ。洗剤をつけなくても、ジーンズの縦糸と横糸のデコボコの織りが細かい汚れを落としてくれる。古ジーンズの切れ端をキッチンに常備しておくといい。

また、一章の一五ページで紹介したアクリルたわしも、洗剤いらずでシンクを磨くことができる。アクリルたわしもキッチンに常備しておこう。

★排水口のぬめり防止の裏ワザ

放っておくとどんどんぬめりがひどくなって、悪臭もしてくるのがシンクの排水口だ。そこで、簡単なぬめり防止のコツを。アルミホイルを小さく丸めたものを二、三個排水口に入れておくのだ。アルミホイルは水にぬれると金属イオンを発生するので、雑菌の繁殖を防ぎ、ぬめりや悪臭の発生を抑えてくれるのだ。

★排水口のぬめり取りにドライヤー

ものぐささんにピッタリの排水口のぬめり取りのワザが、これ。排水口の奥のほうにめがけてドライヤーの熱風を吹きかけるのだ。熱風でたいていの汚れはボロボロになって落ちるから、その後、お湯で洗い流せばぬめりが取れる。

★排水口の汚れがひどいときは

排水口の汚れや悪臭がひどいときは、重曹を排水口に多めにふりかけて、二、三時間そのままにしておく。その後、熱湯を注いでから古歯ブラシで汚れをこそげ落とすといい。

★シンクや三角コーナーのぬめりはレモンの切れ端で

果汁を絞った後のレモンの切れ端は、捨てずに取っておいて、シンク内や三角コーナーのぬめり取りに使うといい。シンクや三角コーナーをレモンの切れ端でこするだけでぬめりが取れて、爽やかなレモンの香りも漂う。

ガスレンジをピカピカにするワザ

★ガスレンジの油汚れを取るには

毎日の調理でギトギトの油汚れがついて、掃除がひどく厄介なのがガスレンジだ。でも、毎日の心がけしだいで常にピカピカに保つことができる。まず、油を使った調理をしたら、そのつど、コンロまわりがまだ温かいうちにボロ布で拭き取るのが、一番ラクで効果的なのだ。まだレンジまわりが温かいうちに、こまめに拭き取るのが原則。古ジーンズの切れ端で拭き取ればさらに効果的。

★ガスコンロまわりの油汚れはビールで

ガスコンロまわりのしつこい油汚れは、飲み残したビールをボロ布にしみ込ませて、こまめに拭き取るといい。ビールに含まれているアルコール分に油分を溶かす働きがあるので、意外にさっぱりきれいに取れる。

★ガスレンジの油汚れは重曹と酢水で

重曹の粉末をレンジまわり全体にふりかけて五〜六分放置する。それをボロ布やスポンジ、ジーンズの切れ端などでこすれば、重曹が油のギトギトを吸い取ってきれいにしてくれる。その後、水で二、三倍に薄めた酢水かクエン酸スプレーを吹きかけてまた五分ほどおき、布などで拭き取ればふつうの油汚れならラクに落とすことができる。

ガスコンロの五徳と受け皿をきれいにする

★五徳の汚れは熱いうちに

五徳に汚れがついたら、そのつど熱いうちにボロ布などで小まめに拭く。これだけでも、かなり清潔さは保てるはず。古ジーンズの切れ端で拭くと効果的。

汚れがこびりついたら五徳と受け皿をはずしてクリームクレンザーを布につけてこすり洗いをする。

★五徳と受け皿の頑固な油汚れはつけ置き洗い

毎日の料理で、五徳には油汚れや焼け焦げがこびりついてなかなか取れないもの。そこで、五徳と受け皿は大きな洗い桶の中でつけ置き洗いをしよう。

大きな洗い桶にお湯をいっぱいに入れて、重曹をひとつかみ入れて五徳と受け皿をつけ込み二、三時間おく。こびりついていた焼け焦げや油汚れが浮き上がってくるので、スポンジやジーンズの布で汚れをこすり落とせばきれいに取れる。

換気扇をきれいにする裏ワザ

★厄介なプロペラ式換気扇をきれいにする

キッチンの掃除で一番面倒なのが換気扇の掃除だ。換気扇には壁にはめ込んである旧式のプロペラ型、最近のマンションに多い、小さな羽根のついたドラムにフィルターがついたシロッコ型がある。

掃除するには、どちらも羽根やフィルターをはずしたり取りつけたりが厄介だ。なかには、素人では取りはずしにくいものもある。

プロペラ式の換気扇は、取りはずすのは面倒だからつけたまま掃除しよう。まず、重曹に少しずつ水を加えて練っていき、クリーム状にした重曹ペーストを作る。換気扇の下にホコリやゴミが落ちたり汚れても大丈夫なように、ビニールシートをしいておく。プロペラに重曹ペーストを塗りつけてしばらく放置し、ボロ布やジーンズの切れ端で拭き取る。

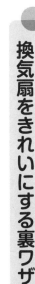

★シロッコ型換気扇はつけ置き洗い

シロッコ型の換気扇で、素人にもはずせるものは慎重にはずしてつけ置き洗いをしよう。ねじなどの小さな部品をはずしたら、なくさないように洗剤液を入れたコップなどにつけておくと汚れも取れる。洗い桶にお湯をはり、重曹をひとつかみ入れて小さな羽根のついたドラムをつけこむ。二時間ほど置いたら汚れが溶けだして浮き上がるので、古歯ブラシでドラムやファンの細かい部分や隙間を磨くといい。最後に水で流せばＯＫだ。

★換気扇のフィルターをきれいにする

シロッコ型の換気扇で取りはずしにくいものは、フィルターなら簡単にはずせるので、フィルターだけでも小まめに洗おう。フィルターの網の目に油汚れが詰まってしまうと厄介なので、そうならないうちに、一週間に一度は掃除を。

それほど汚れがひどくないなら、フィルターに重曹をふりかけて古歯ブラシでこすればいい。頑固な油汚れがこびりついていたら、重曹ペーストを使う。床にビニールシートをしいてフィルターを置き、全体に重曹ペーストを塗りつける。網の目にも入るようにしっかり塗り込み、しばらく放置する。一時間くらいすると、重曹ペーストが汚れを溶かして浮き上がらせるので、洗い桶やシンクでフィルターを古歯ブラシでこすりながら水で洗い流せばきれいになる。乾燥させれば完了だ。

★換気扇フードをきれいにする

シロッコ型換気扇には、換気扇を覆う換気扇フードがついていることが多い。これは備え付けのものだからはずせない。フードはジーンズの切れ端やアクリルたわしに重曹の粉をつけて磨くだけできれいになる。これも、頑固な汚れがこびりつかないように小まめに掃除しておくといい。

シンク下をきれいにする裏ワザ

★シンク下のカビ取りは重曹と酢水で

シンク下の開きの棚には、大きな鍋やまな板などのさまざまなキッチン用具や、台所用洗剤などを置いている人が多い。でも、シンク下の棚は湿気が多くカビが生えやすい場所。カビをほうっておくと悪臭もしてくる。

そこで、ときどき中に入っているものを外に出して掃除をしよう。重曹の粉をジーンズの切れ端やボロ布につけて隅々までふこう。その後、酢水のスプレーかクエン酸スプレーを吹きかけて殺菌する。しばらく扉を開けたままで中を乾燥させればＯＫだ。ドライヤーの熱風を吹き込ませれば早く乾かすことができる。

★シンク下のカビ防止には

重曹の粉末をお茶バッグの白い紙袋の中に入れたものを数個作る。これをシンク下の隙間に置いておくだけで、重曹の吸湿作用が湿気を吸い取ってカビが生えるのを防いでくれる。

水道の蛇口をきれいにする裏ワザ

★シンクの蛇口はアクリルたわしで

キッチンの水道の蛇口には、意外に汚れがつきやすいもの。つい油断していると、水アカや黒い汚れがこびりついてしまう。こまめに毎日アクリルたわしでこすっておけば、汚れがたまることもない。

★蛇口はクエン酸スプレー、ミカンの皮で

蛇口に黒い汚れがこびりついたときは、クエン酸スプレーを吹きかけて、古歯ブラシでゴシゴシとこすると、ほとんどの汚れは取ることができる。クエン酸なら、食べ物がそこらじゅうに置いてあるキッチンで使っても害はないので安心して使うことができる。ミカンの皮やレモンの皮でこすり取っても効果がある。

★蛇口のひどい汚れは酢で湿布

蛇口の汚れはほとんどが水アカだ。水アカはアルカリ性の汚れなので、酸性の酢やクエン酸で中和させるのが原則。蛇口の汚れがひどくてなかなか落ちない場合は、ティッシュに酢をしみ込ませて蛇口に湿布してしばらく置き、その後、古歯ブラシでこすり取るといい。

★蛇口の黒ずみは古ストッキングで

蛇口が黒ずんだり、ステンレスが曇ってきたら、古ストッキングに台所用のクリームクレンザーをつけてこすると、ピカピカになる。

古ストッキングの繊維の網目にステンレスの汚れを取る働きがあるので、スポンジでこするよりも効果がある。ストッキングを蛇口にひっかけて左右に引っ張ってゴシゴシこするといい。

キッチンの床をきれいにする

★キッチンの床の油汚れを取るには

キッチンの床には、油がはねたり、料理の汁がこぼれたり、食べ物のカスや生ゴミがこぼれたりするので、汚れがひどい。毎日こまめに拭くことが大切だが、フローリングの床は水拭きができないし、重曹を使うとワックスがはげてしまうので使えない。

そこで、床に飛び散った油汚れを取るにはフリースを使うといい。フリースは石油が原料の合成繊維でできているので、油汚れを落とすのに効力を発揮する。フリース製品の古着を切って雑巾がわりにして床をから拭きすると、油汚れがスッキリする。

★キッチンの床は酢水とアクリルたわしで

キッチンの床は飛びはねた油汚れでギトギト。そんな汚れをスッキリ取るには、やはり酢が活躍する。

酢水のスプレーを床にまんべんなく吹きかけてから、一章で紹介したアクリルたわしで磨くと効果バツグン。乾けば酢の臭いもしないのでＯＫだが、気になる人は、酢水の中にアロマオイルをたらしたものを使うと、香りも爽やかで、気持ちがいい。

キッチンの壁をきれいにする

★壁の軽い汚れはドライヤーかやかんの蒸気で

最近のキッチンの壁の材質は、ビニールタイルやキッチンパネルが多い。これらは水拭きもできるし、洗剤や重曹を使うことができるので、油汚れを落としやすい。

まず、軽い油汚れはこまめに拭き取ることだが、このとき、お湯を沸かしたやかんを壁に近づけて蒸気を当てること。汚れが溶けてくるので、そこで拭き取るとラクに取ることができる。やかんのかわりにドライヤーの熱風を数分間当ててても効果がある。

★キッチンの壁に重曹をティッシュで湿布

しつこい油汚れがついていたら、壁に重曹水をしみ込ませたティッシュペーパーやキッチンペーパーを貼りつけて湿布し、しばらく放置する。その後、ボロ布やアクリルたわしでこするとスッキリきれいになる。

★ビニールタイルの目地の汚れは消しゴムで

簡単なビニールタイルの汚れは、水拭きだけでもきれいになるが、厄介なのが、タイルとタイルの間にある目地の溝。ここに汚れがつくと、なかなか落ちない。そこで、消しゴムを使うといい。

目地に入り込んだ汚れを消しゴムでこすってみよう。意外にも汚れがボロボロ取れる。タイルそのもののべたつく汚れも、消しゴムでこするとスッキリきれいに取れる。

鍋をきれいにするワザ

★鍋の焦げつきは玉ねぎの皮で取る

煮物など、ちょっと油断すると鍋に焼け焦げをつけてしまう。いったん焦がしてしまったら、きれいに取るのは難しい。それが簡単にきれいにするワザがある。

何と、玉ねぎの皮を使うのだ。玉ねぎ二～三個の皮をむく。焦げた鍋に水を入れて玉ねぎの皮を入れて一〇分くらい煮だす。すると、焦げがはがれて浮いてくる。その後、お湯を捨てて、こびりついている焦げをスポンジや布でやさしくこするだけできれいに取れる。

★ひどく焦げた鍋は重曹と酢で

ひどい焦げが鍋についてしまったら、いくらスポンジやたわしでこすってみてもきれいにならない。

そんなときは、焦げた鍋に、焦げた部分がかぶる程度の水を入れ、重曹を小さじ二杯くらい入れて火にかけ沸騰させる。ひと晩おいてからアクリルたわしやスポンジでこすれば、驚くほどきれいになる。重曹に同量の酢を加えると、さらに効き目がある。

★ホーロー鍋の汚れは重曹で取る

ホーロー鍋は傷がつきやすいので、頑固な汚れがついたときでも、たわしやスポンジでゴシゴシこすってはダメ。こんなときは、重曹を小さじ一杯ほど鍋にふりかけてやさしく布でふけばきれいになる。

★アルミの鍋に重曹はタブー

アルミ製の鍋はゴシゴシこするとサビ防止の皮膜が剥がれてしまうので、たわしや金属スポンジは使えない。さらに重曹も鍋が黒ずんでしまうのでタブーと覚えておこう。

アルミ鍋が汚れで黒ずんできたら、リンゴが役に立つ。鍋にリンゴの皮や芯を入れて水を黒ずみ部分まで入れて沸騰させる。一五分ほど煮て冷ましてから、やわらかいスポンジや布でやさしくこすればきれいになる。リンゴの皮は多いほうが効果がある。レモンの皮でもＯＫだ。

鉄製フライパンをきれいにするワザ

★鉄のフライパンや中華鍋に洗剤は使わない

鉄製のフライパンは、調理するたびに油がフライパンの表面に吸収されてしだいになじんでいく。ところが、金属たわしや洗剤をつけてゴシゴシとこすり落としている人がいるが、せっかく油になじんだフライパンの表面から油の被膜を落として使いにくくしてしまうのだ。

鉄製のフライパンや鍋は使い終わったらすぐに、洗剤を使わずに、スポンジで水かお湯で洗ってから火にかけて強火で熱し、半分ほど水分が蒸発したら火を消して冷まし、十分に乾燥させること。

★鉄製のフライパンや鍋の汚れは酢で取る

鉄製のフライパンや中華鍋は洗剤を使わないほうがいい。しかし、水とお湯だけでは取れない汚れは酢を使う。水と酢を一対一の割合で混ぜ、フライパンに入れて三時間くらいつけておく。その後、アクリルたわしで汚れをこすり取ればいい。きれいになったら、油ならしをする。油でまんべんなくふいたら、煙が出るくらいまで加熱して冷ます。

★鉄製のフライパンの汚れは塩で取る

鉄製のフライパンに汚れがこびりついたら、取るのは面倒だが、これを放っておくと、さびつきの原因になってしまう。そこで、フライパンや鍋の底を覆うように塩を入れる。キッチンペーパーを丸めてやさしくていねいに塩で汚れをこする。すると、塩が汚れを吸収するので、汚れがついた塩を排水口に流すかゴミ箱に捨てて、水ですすげばきれいになる。

グリルをきれいにするワザ

★魚焼きグリルのラクラク汚れ取りは

魚焼きグリルは、魚の油分が焼き網やグリルの受け皿にたまって、洗うのが大変だ。これをラクにするワザがある。片栗粉を水で溶いたものをグリルの下に入れて焼くと、片栗粉が固まるので、洗うときにヘラなどでこそげ落とすとスルっと取れる。その後は台所用中性洗剤でふつうに洗えばいい。

★魚焼きグリルの油汚れの防止ワザ

グリルの受け皿にカップ一杯の水と重曹を小さじ一杯入れてから調理をすると、油汚れがグリルにつきにくくなり、汚れても、布やスポンジでラクラク落とすことができるようになる。

また、重曹のかわりにカップ一杯の水に酢を大さじ一杯入れてから調理しても、油汚れ防止になる。

★グリルの魚臭さを取るには

魚焼きグリルには、どうしても魚の生臭さがついてしまう。そこで、洗剤をつけて洗ったらレモンの皮やオレンジの皮でこすっておくと、生臭さが消えて爽やかな香りになる。

まな板をきれいにするワザ

★まな板は使う前に水をかける

まな板の上で切った食材の汚れや臭いが残らない材質がいいので、まな板には木製とプラスチック製、合成樹脂製のものが多い。どのまな板でも調理の前に必ず水をかけて拭き取ってから使う。これは食材の水分や臭いをまな板にしみ込ませないようにするため。木製は水をかけることで表面に水の膜ができるので、食材の汚れや臭いがまな板にしみ込みにくくなる。

★まな板は使用後に必ず熱湯をかけて消毒を

まな板は食材を切った後は、そのつどすぐにすすぎ、布巾で余分な水分を拭き取るのが原則。魚や肉など臭いが強いものを切った後は、洗剤をつけて洗うこと。洗剤で洗った後に必ず熱湯をかけて消毒する。洗剤で洗う前に熱湯をかけないこと。食材のたんぱく質が熱湯をかけることによって固まる恐れがあるからだ。

★木製まな板は立てて乾燥させる

木製のまな板はカビが生えやすいので、使用後はよく乾燥させる必要がある。まな板を洗い終わったら、必ず立てて置いて、日光に当ててしっかり乾燥させること。

★まな板を三種そろえられなければ、牛乳パックを利用する

まな板は、できれば肉用、魚用、野菜とその他の食材用の三種類を用意しておければ理想的だ。魚や肉を切った後に同じまな板で野菜を切れば、生臭い臭いが野菜に移ってしまう。また、肉などについている雑菌が野菜に移り、加熱調理すればいいのだが、それで生野菜サラダなどを作ったら、菌に感染してしまうからだ。

まな板を三枚用意できないなら、魚や肉を切るときは、まな板の上に牛乳パックを広げてその上で切ればまな板を汚さずにすむ。

★毎日のお手入れは重曹ペーストと酢で磨く

さまざまな食材を切るまな板には、雑菌や油、虫、汚れなどがしみ込みやすい。そこで、消毒、殺菌も兼ねた洗い方によって、常に清潔さを保ちたい。そこで、役に立つのが重曹である。重曹の粉に少しずつ水を加えて練り、重曹ペーストをつくる。毎日のお手入れは、

一日の終わりに、まな板に重曹ペーストを塗りつけて数分置いたら、スポンジやアクリルたわしで磨く。きれいになったら、次に酢水をスプレーして水ですすげば、汚れも取れて殺菌効果もバッチリ。

★まな板のひどい汚れは重曹＋漂白剤を湿布

汚れがひどいときは、重曹ペーストに酸素系漂白剤を加えて重曹＋漂白剤ペーストを塗り、サランラップで湿布して二〜三時間おく。ブラシやスポンジで磨いた後、酢水をスプレーして、熱湯で洗い流すと抗菌効果も完ぺきである。

包丁をきれいにする裏ワザ

★一般家庭で使う包丁は？

包丁には和包丁と洋包丁があり、和包丁にも用途によって、出刃包丁、菜切り包丁、三徳包丁、刺身包丁などさまざまな種類がある。板前などプロが使う包丁もさまざまな種類があるが、ここでは、一般の家庭でふだん使っている包丁についてふれていく。

一般家庭でそろえておきたいのは、野菜、肉などを切る万能型の三徳包丁。魚を三枚におろすときの出刃包丁、肉切り包丁、果物を切るペティナイフ、キッチンバサミ。これらが最低限そろっていれば十分だ。

★包丁のサビを取るには大根を使う

炭素鋼製の包丁の手入れを怠っていると、サビが出てしまう。サビが出たら、大根の切れ端にクリームクレンザーをつけて磨くといい。大根は程良い水分を含み、クレンザーと溶けあって研ぎ汁を作るからだ。

★ワインのコルクとアルミホイルと重曹でサビを取る

ステンレスの包丁だって、お手入れを油断しているとさびてしまう。そんなときは、ワインのコルクをアルミホイルで包み、重曹の粉をつけて包丁を磨くといい。水をつけて包丁に円を描くようにコルクを動かしていくと、サビが取れてみるみるうちにつやが出てくる。

★包丁の切れ味を復活させるワザ

包丁の切れ味が悪くなるのは、包丁の刃に肉や魚の脂が付着していたり、サビがついてしまったせいだ。そこで包丁研ぎをしたいのだが、砥石の使い方がわからなかったり、砥石が家にない場合が多い。

そんなときに、ラクに包丁の切れ味をよくする方法がある。瀬戸物の茶碗や器をひっくり返し、器の糸底に包丁を斜めに当てて水をつけて包丁を円を描くようにすべらせる。何回もくり返し円を描くと、不思議と切れ味が復活する。プロも行っているワザなのでぜひお試しあれ。

布巾をきれいにするワザ

★ 布巾の除菌は電子レンジで

食器を拭く布巾や台布巾は、すぐに汚れてしまうし、湿ったまま放置しておくとすぐにバイ菌が繁殖してしまう。そこで、一日の終わりに漂白剤に三〇分ほどつけてから、水でよく洗ってすすぎ、絞ってから電子レンジで一～二分加熱すると、布巾の除菌ができて乾燥も早くできる。

★ 布巾とスポンジは重曹と石鹸で

布巾やスポンジは常に清潔に保ちたいもの。そこで使い終わったら、重曹の粉末と石鹸をつけてもみ洗いしてから、酢水でよくすすぐと殺菌になる。それを干してよく乾燥させることが大事。

★しっかり殺菌したいときは

布巾に繊維の奥まで汚れがついてしまったときは、しっかり殺菌したい。そんなときは鍋に水をいっぱいに入れて、重曹をひとつまみ加えて沸騰させる。一、二分煮たら、重曹と熱湯で十分に殺菌できる。終わったら水ですすいでしっかり絞ってから干して、よく乾燥させる。

ガラスの容器をきれいにする

★ガラスのコップはアクリルたわしで

ガラスのコップは長く使っていると、洗っているつもりでも何となくくもってきてくすんでくる。これをピカピカにするには、洗剤を使わなくてもアクリルたわしでこすれば驚くほどピカピカになる。

★ガラスのコップの水アカは歯磨きクリームで

ガラスのコップについた白いくすみは水アカがたまったもの。台所用洗剤をつけてスポンジで磨いてもなかなか取れなくて困ったということがよくある。

そんなときは、歯磨きクリームを布やスポンジにつけて磨いてみよう。台所用洗剤を使うよりずっときれいになる。

★ガラスの容器をピカピカにするには

白くくすんでしまったガラスの容器は、洗い桶にぬるま湯を入れて、酢を一カップほど入れて、ガラスの容器をしばらくつけ込んでおく。三〇分ほどつけたら、水で洗い流して自然乾燥させるとピカピカになる。

陶器の茶碗をきれいにするワザ

★茶碗についた茶渋は塩で取る

湯のみ茶碗やコーヒーカップを長く使っていると、茶渋やコーヒーの黒ずみがついて取れなくなる。そんなときは粗塩が役に立つ。粗塩を指先にとって水をつけて茶渋や黒ずみをゴシゴシとこするだけできれいに落ちる。後は水で塩をよくすすぐだけで陶器の白さがよみがえる。

★陶器の食器は重曹水につける

瀬戸物の食器に頑固な汚れがついてなかなか取れないときは、洗い桶に水を張り、大さじ一杯ほどの重曹を入れて、食器をひと晩つけこんでおくといい。重曹が汚れを中和してくれるうえに臭いも取ってくれる。翌朝、食器をスポンジなどで磨いて水で洗い流す。

第3章

上手な洗濯の裏ワザ

衣類の洗濯からシミ抜き、アイロン、干し方まで

洗濯の前処理のコツ

★えりやそで口のしつこい汚れはシャンプーで前洗い

シャツのえりやそで口の汚れはしつこい。酸化して黒ずんだ皮脂の汚れは落ちにくいものだが、そんなときは、シャンプーで前洗いするといい。髪の毛や頭皮の汚れを落とすシャンプーは洗浄力が高いので、少量でＯＫだ。

シャツやブラウス、靴下などのしつこい汚れには、この方法が効果的。そのあとは、ふつうに洗えばスッキリきれいになる。

★ワイシャツのえり汚れを取るコツ

シャンプーのほかにも、皮脂の汚れに効くものはいろいろある。

＊重曹とクエン酸……重曹を少量の水で溶かしたものを歯ブラシにつけて、えりをこすっ

たあと、クエン酸（酢やレモン汁でもＯＫ）を水で薄めたものをスプレーすると、脂分が分解される。水で洗い流したあとは、そのまま洗濯機へ。

＊食器用の中性洗剤……食器用洗剤が脂分を分解するのは当たり前。口に入るものを洗うのだから、着るものに悪いはずはない。そこで、薄めた食器用中性洗剤をスポンジにつけてえりをこすり洗いし、そのまま洗濯機へ。

＊固形石鹸……昔ながらの方法だが、えりを水でぬらし、手を洗う固形石鹸をえりにこすりつけておくだけでもかなり違う。脂分を分解し、汚れが落ちやすくなるので、その状態で洗濯機へ投入。

★黄ばんだシャツは、レモン汁で煮てから本洗い

白いシャツはワンシーズンで終わってしまうことも多い。黄ばみはふつうの洗濯では落ちないし、漂白もけっこうむずかしい。そんなときは、シャツが入るくらいの大きな鍋に水を入れ、レモン一個分を絞る。その中にシャツを投入して一〇分くらい煮沸するといい。レモンには漂白作用があるので、効果てきめんだ。そのあとは、ふつうに洗濯するだけ。

レースなど、繊細な小物にもおすすめの方法だが、デリケートな素材は手洗いにしよう。

★木綿の下着はつけおきしてから洗濯機へ

付着した皮脂が酸化するため、下着はどうしても黄ばみやすい。そこで、できるだけ白さを保つためには、洗濯機に入れる前に、きっちり皮脂汚れを取っておきたい。お風呂ぐらいの温度（四〇度）のお湯に洗剤を溶かし、その中に約一時間つけておくだけでOK。本洗いのときに、汚れが取れやすくなる。

ただし、熱いお湯にすると皮脂が凝固してしまい逆効果になるので、あくまでも、ぬるま湯で。

★木綿の色落ちをチェック

木綿は色落ちしやすいので、ほかの衣類といっしょに洗うと色移りすることがある。そこで、はじめて洗濯するときは、色落ちをチェックするために、しばらく水につけてみるといい。

色落ちするようなら、それだけ別に手洗いにする。中性洗剤で手早く洗えば、色落ちを最小限でとどめられるが、お湯は使わないこと。色落ちが激しくなるので、冬でも水洗いにしよう。

★臭いのキツい靴下は酢水につける

臭う靴下とほかのものをいっしょに洗うのは、ちょっと抵抗があるもの。その靴下は本洗いする前に、酢水につけておくと臭いも汚れも取れる。酢は穀物酢でかまわない。逆に酢の臭いがつくのではないかと思うかもしれないが、心配ご無用。水一リットルにつき大さじ一くらいの酢で十分なので、乾けば臭いはまったく残らない。

これにひと晩つけておき、次の日にほかのものといっしょに洗濯機に放り込んで、スイッチを入れるだけでいい。酢には殺菌、防臭、漂白効果もあるので、一挙三得になる。

★ジーンズの泥汚れはジャガイモで取る

ジーンズについた泥汚れは、泥を乾かしてからブラシでこすり落とそう。そのあと、汚れた部分をジャガイモの切り口や皮でこすると、ジャガイモのデンプンの働きで、おどろくほどきれいに落ちる。

★ジーンズの色落ちは塩で抑える

ジーンズは色落ちしやすいが、それを抑えたいときは濃いめの塩水につけるといい。塩には染料を定着させる働きがあるため、これは昔から染め物に使われてきたワザだ。たらいなどに大さじ一くらいの塩を溶かし、ジーンズをひと晩つけておくだけでＯＫ。

もしジーンズだけを洗濯機で洗うなら、洗剤に塩を加えて直接洗ってもいい。

★シミは種類を見分けて早めに処理

＊しょう油やコーヒーなど水溶性のシミ……シミの部分をお湯につけ、固形石鹸をつけてもみ洗い&つまみ洗いをする。シミがついてから一週間以内なら、このやり方でだいたいきれいに取れる。

＊マヨネーズやケチャップなど油性のシミ……食器用洗剤をシミに直接つけてもみ洗いをし、さらに固形石鹸をつけてもむ。洗剤のダブル使いで、きれいに取れるので、そのまま本洗いへ。油性のシミは、前処理せずに本洗いに入ると取れなくなってしまうので見逃さないようにチェックしよう。

★ガンコなシミは重曹＋漂白剤で落とす

それでも落ちない場合は、強力な手製クリーナーを作ろう。用意するものは、重曹と酸素系漂白剤、割り箸、ガーゼ、輪ゴム。

①重曹と酸素系漂白剤を一対一の割合で混ぜてクリーナーを作る。
②ガーゼを二枚に割き、一枚を割り箸（割らずに使う）の頭にクルクル巻きつけ、もう一枚をかぶせて輪ゴムで止めて、シミ抜き棒を作る。
③②のシミ抜き棒に①のクリーナーをつけ、シミの部分にぬってしばらく置く。
④ぬるま湯ですすぐ。

シミがきれいになるまで、③④を繰り返そう。重曹を使えば粘りが出て、シミ以外の部分にクリーナーが広がらないので安心だ。

★ファンデーションの汚れはクレンジングで取る

女性の場合は、えりなど、あごが当たる部分にファンデーションがついてしまうことがある。その汚れは、顔と同様クレンジングオイルを使うと落ちやすい。

汚れた部分にクレンジングオイルをしみ込ませ、メイク落としのように指の腹でシミになじませて、ぬるま湯でもみ洗い。そのあとは、ふつうに洗えばＯＫだ。

★血液はダイコンおろしで取る

すり傷や切り傷など、衣類に血液がついてしまったときは、すぐに水で洗い流せばかなりきれいに落ちるのだが、それだけでは足りない。

ダイコンおろしでさらに念押しをしよう。水で洗い流した部分にタオルを敷き、その上からダイコンおろしを適量のせて、ダイコンの切れ端でとんとん叩くのだ。ダイコンに含まれるジアスターゼが血液を分解してくれるので、これでスッキリきれいになる。

★赤ワインのシミは塩で取る

赤ワインのシミもなかなか手強いが、早めに塩で対策をとればけっこう大丈夫。

シミがついた部分を水でしめらせ、シミの範囲より広めに塩をのせて指で軽くこする。すると、ワインが塩に吸収されていくのがわかるだろう。そのまま洗えば、シミは見えなくなる。

★汗ジミはレモンで取る

とくに脇の下などは、汗ジミができやすいし、臭いも気になる。そんなときは、レモン汁が強力な味方になる。

たらいに熱湯を入れて、レモンを半分絞る。汗ジミがついた衣類を入れ、ひと晩つけおくだけ。そのあとでふつうに洗えば、スッキリきれいに仕上がる。

洗濯機で上手に洗うコツ

★洗濯機に入れる洗濯ものは、表示容量のＭＡＸ六〜七割まで

経験がある人は多いだろうが、洗濯ものを入れすぎると汚れが落ちにくくなる。洗濯機には洗濯ものの量が表示されているが、目安としては、その容量の六〜七割を限度としたい。そのほうが電気や水の使用量を抑えられるし、洗浄力も高くなって効率的だ。

かといって、入れる洗濯ものが少なすぎても空回りしてしまい、汚れが落ちない。入れる量は「六～七割」を守ろう。

★衣類より先に洗剤を入れる

洗濯後に洗剤が残っていると、シミの原因になってしまう。白やベージュなど、色の薄いものはとくに注意が必要だ。洗濯機には〝水↓洗剤↓衣類〟の順番で入れること。そうすると洗剤の溶け残りを防ぐことができる。

また、洗剤はたくさん入れればそれだけきれいに洗えるというわけではない。もっとも洗浄力が高いのは洗濯機や洗剤に表示されている規定量なので、それをきちんと守るようにしよう。

★洗濯ものは裏返しにしておく

洗濯機で洗うとき、表も裏も、汚れの落ち具合はほぼ同じだが、繊維の傷み具合は違ってくる。裏になっているほうが繊維が傷まないので、基本的にはすべて裏返しにしておいたほうが安心だ。

さらに、オシャレ着やデリケートな素材のもの、毛玉ができやすいものなどはネットに入れよう。

★洗濯ものを入れる順番を知ろう

ふつう、洗濯機は底のほうが水流が強くなっている。そこで、汚れのひどいものや重たいものから入れるほうが効率がよく、汚れもスッキリ落ちるのだ。

★もみ洗いのかわりに、ペットボトルを投入

落ちにくい汚れがついたものは前洗いをしたほうがいいが、時間がないし面倒だという場合、とっておきの方法がある。五〇〇ミリリットルのペットボトル一～二本を洗濯ネットに入れて浮かべるだけ。そのとき、ボトルには三分の二の水を入れておく。

そうすると水流が変化し、もみ洗いのような効果が出て、きれいになるのだ。ペットボトルを入れることで洗濯ものが上がってこないし、ボトルの凹凸にぶつかって汚れが取れるというわけだ。ただし、生地を傷める可能性もあるのでデリケートな素材のものを洗うときにはおすすめできない。

★絡《から》み防止のためにファスナーやボタンを留めておく

脱水が終わって洗濯ものを取り出すと、衣類どうしが絡まっていることがよくある。このように、ほかのものと絡まらないようにするためには、ボタンやファスナーなどを閉めておくことが大事だ。そでも、内側から引っ張りこんでおくといい。また、ひもはまとめて輪ゴムで結んでおこう。

もうひとつ。ファスナーなど金属ものは、閉めておかないとほかの衣類や洗濯槽を傷つけることもある、ということも忘れずに。

★絡み防止にはおもちゃのゴムボールも有効

洗濯ものが絡まるのを防ぐ方法として、もうひとつ。洗濯機の中に、子どもが遊ぶおもちゃのゴムボールを三～四個入れるのも効果的だ。

〝水流の渦にゴムボールが巻き込まれて沈む↓浮き上がるときに洗濯もののあいだに入り込む↓絡まりを防ぎながら浮き上がる〟というのを繰り返すから、絡みにくいうえ、シワも少なくなる。

★シーツや毛布などの大物はジャバラに折る

厚手で大判のものを洗濯機で洗うときは、折り方が肝心。無造作に入れたのでは洗剤ムラができやすいし、よけいなシワもつく。

そこで、裏表が交互になるようにジャバラに折って入れよう。こうすれば、洗剤がいきわたり、汚れをきちんと落とせるのだ。

手洗いで上手に洗うコツ

★色落ちしやすい木綿は手早く洗う

木綿の色ものなどは色落ちしやすいので、新品のときはとくに手洗いにしたい。同時に、なるべく手早く洗うことが大事。

また、水のほうがお湯よりも色落ちは緩和されるので、水で洗おう。洗剤は、アルカリ性のものよりも中性洗剤を使ったほうが色落ちが少なくてすむ。

★下着やスカーフなどデリケートな素材のもの

下着やブラウス、スカーフなど、薄手のものは、洗剤液の中で衣類を泳がせるように、寄せたり広げたりしてやさしく手洗いする。または中心を持って前後左右に振り洗いしてもいい。こうすれば型くずれが防げるし、長持ちする。

仕上げは、肌触りと良い香りをつけるために柔軟剤を使いたい。乾燥機は避け、タオル二枚ではさんで水分を吸い取り、形を整えて干そう。

★ウールなど伸縮性のある素材のもの

セーターやパンツなど、かさがあるものは押し洗いをするが、型くずれを防ぐためにたたんで洗おう。持ち上げたり押しつけたりを四〇回くらい繰り返せば十分。押し洗いすることで洗剤液が衣類の繊維を通り抜けるので、たたんだ衣類をひっくり返す必要はない。そで口などに汚れが目立つ場合は、手で握ったり離したりするつかみ洗いをするといい。

すすぎ終わったら、柔軟剤を入れた水に約三分間つけ、その水を捨てたあとは、丸めて押し絞り。そのあと、脱水機へ。

種類別の洗い方のコツ

ランジェリー、ストッキング

★ブラジャーは振って洗う

ブラジャーはデリケートな洗濯ものの筆頭かもしれない。型くずれすると台なしになってしまうので、できるだけ手洗いにしたい。

そのときは、ホックやファスナーは必ず閉め、取りはずしができる場合は、肩ひもやパットは取りはずして別洗いしたほうがいい。洗剤を直接かけると変色する場合があるので、洗剤は水によく溶かしてから入れ、基本的に振り洗いをする。汚れが気になる部分はつかみ洗いにし、もみ洗いやねじり絞りは厳禁。

洗濯機で手軽に洗うときは、ホックなどは閉め、肩ひもはカップの中に入れてたたみ込み、編み目の細かいネットに一枚ずつ入れて洗おう。

★ストッキングを伝線しにくくするコツ

ストッキングをふつうに洗濯したあと、仕上げに酢水につけておくと伝線しにくくなる。酢には柔軟作用があり、生地をなめらかにするためだ。水一リットルにつき酢大さじ一杯くらいの酢水に二〜三分つけたあと、軽く絞って陰干しするといい。

ちなみに、洗濯には関係ないが、もうひとつ伝線防止ワザを紹介。買ってきてすぐに、包装されたまま冷蔵庫へ入れてひと晩冷やすのだ。繊維には冷却すると強度を増す性質があるので、冷やすとナイロンの糸どうしが強く結びつくようになり、伝線しにくくなるというわけ。

★ストッキングは重ね洗いをする

洗濯機に脱いだストッキングを一足ずつ放り込むと、取り出すときに絡まってしまう。そこで、一足ずつ自分の手に通して重ねていく。一足をはめたら、その上からもう一足をはめ、これを繰り返して全部重ね、洗濯機に入れる。

こうすれば厚みが出て絡みにくいし、そのまま干しても十分乾くので、手間もスペースも省ける便利ワザだ。

シャツやトレーナー

★Tシャツやトレーナーのプリント柄を長持ちさせるコツ

はげたら一発で台なしになってしまうプリント柄。はげ落ちは何回も洗っていると避けられないが、それを少しでも防ぐ方法は、裏返しにしてネットに入れるだけ。これだけで、けっこう長持ちする。

★フリース素材のものはネットに入れる

フリースは摩擦に弱いので、家で洗うと型くずれしたり、毛玉ができやすくなる。そこで、裏返しにしてたたんで目の細かいネットに入れ、洗濯機の手洗いコースで洗うといい。ちなみに、フリースは熱に弱いので、乾燥機は高温で使わないようにしよう。

セーターやダウンなど

★セーターに毛玉を作らないコツ

セーターを洗う場合、とくに気をつけたいのは毛玉。毛玉ができると、新品でも着古しに見えてしまう。そこで、洗濯機に入れるときは裏返しにすることを忘れずに。こうすれば、表面の毛玉は、ある程度防止できる。

★ウールを上手に洗うコツ

食べ物のシミなどがついていると、ドライクリーニングより水で手洗いしたほうがきれいに落ちるので、セーターなどもクリーニング店に出すより、家で洗ったほうがいい場合がある。

ウールのセーターを洗う場合は三〇度前後のお湯がちょうどいい。お湯の中に中性洗剤を溶かし、そこにたたんだセーターを入れて押し洗いする。ひたす時間を短くするため手早く洗うことが大事だが、ひどい汚れがある場合は、洗剤液を直接つけ、ブラシでたたいて落とそう。

すすぎも押しすすぎで、三回程度、水を替える。脱水は三〇秒くらいにし、陰干しすればＯＫだ。

★サマーニットもウールと同じでＯＫ

サマーニットなどについた汗ジミも水溶性の汚れなので、ウールと同様、ドライクリーニングよりもぬるま湯で手洗いしたほうがきれいに落とせる。

洗い方もウールと同様、三〇度くらいのお湯に中性洗剤を溶かし、押し洗い。そのあとは陰干しにする。

★ウールには、オリーブオイルを柔軟剤がわりに

ウールは天然素材なのでもともと油分は含まれているが、洗濯しているうちに取れてしまい、肌ざわりのよさやツヤがなくなっていく。そこで、セーターを手洗いしたときは、すすぎの最後にオリーブオイルを数滴たらすといい。

本来の油分が補われて、風合いがよくなるのだ。すすぎのあとは、ふだんどおり軽く押し絞ってからバスタオルなどで水気をよく切り、陰干しをすればＯＫ。

★ダウンジャケットは、コインランドリーで乾かすとふわふわに

ダウンジャケットも自分で洗える。ただし、決め手は家庭用のではなく、業務用の大きなコインランドリーで乾燥させること。

ファーがついている場合は取りはずし、えりやそで口など汚れの目立つ部分を水でぬらしてから、アルカリ性の石鹸をつけてブラシでこすり洗いをする。ポリエステル素材は色

落ちしないので、ブラシでこすっても大丈夫だ。

ダウンは軽くて洗濯機では浮き上がってきてしまうので、浴槽で踏み洗い。洗剤の泡が出なくなるまでよくすすぎ、三～四分脱水する。ハンガーにかけて、中のダウンまでしっかりと乾かしたあと、完全に乾いたら、さらにコインランドリーの乾燥機に二〇分くらいかける。ここがポイントだ。大きな乾燥機にかけることで、ダウンが十分にふくらみ、ふわふわに仕上がるのだ。

大判のもの

★シーツは漂白剤につけてから本洗い

シーツには雑菌もついているので、酸素系の漂白剤をぬるま湯に溶かして二〇分くらいつけておき、そのあとでふだんどおりに洗濯するといい。こうすると除菌もでき、きれいに仕上がる。洗濯機に入れるときはジャバラ折りにしてたたんで入れよう。

★毛布は浴槽で踏み洗い

新品はためらうかもしれないが、少しくらい縮んでもいいと思えるなら毛布も家で洗ったほうがお得。洗濯機に入りきらない大判の毛布も、そこであきらめずに浴槽で洗おう。その場合は、できれば残り湯ではなく新しいお湯にして、洗剤を溶かし入れてから毛布を入れ、両足で力強くしっかりと踏み洗いする。

洗い終わったら浴槽の栓を抜いて洗剤液を流し、すすぎに入る。そのあと浴槽の縁にかけてしばらく置いておき、水がしたたらなくなったらベランダなどに干せば完了だ。

★ヤニがついたカーテンは食器用洗剤で前洗い

リビングのカーテンなどは、生活塵でけっこう汚れているものだ。とくにタバコのヤニがついている場合はふつうに洗っただけではなかなか落ちない。こんなときは、洗濯液に食器用洗剤を加えて前洗いするといい。

また、洗濯機で本洗いするとき、洗剤にベーキングパウダーを加えるのも一手。また、すすぎの際に、ひとつかみの塩を入れてもいいだろう。

★ポリエステルや羽毛の布団なら自宅で洗える

木綿わたや絹わた、ウールわたの布団はクリーニング店に出したほうがいいが、ポリエステル、綿《めん》、羽毛布団なら自宅で洗える。キルティング加工されていれば片寄らないが、そうでないものは洗う前に細長くまるめてひもでしばろう。

①浴槽に半分くらいお湯をため、液体洗剤を溶かし入れる。布団を四つ折りにして少しつけ置きしてから、しっかり踏み洗いをする。

②三回くらいすすぎをしたら、洗濯機で脱水する。洗濯機に入りきらないようなら、物干竿に横長にかけて水気を切る。自然乾燥にすると二日くらいかかるかもしれないが、裏返しながら完全に乾かす。コインランドリーで乾かしてもOK。

ベッドカバーやソファカバーも、表示を確認して洗えるなら、同様の方法で。

★綿の帽子はザルとシャンプーで

綿の帽子を洗うときに注意したいのが、なんといっても型くずれ。そんなときはプラスチック製のザルとシャンプーを用意しよう。

ぬるま湯にシャンプーを溶かし、型くずれを防ぐためにザルに帽子をかぶせて浸し、ブラシでゴシゴシと洗う。帽子には髪の毛や頭皮の汚れがついているので、ふつうの洗剤よりもシャンプーのほうが汚れがよく落ちる。

そのあとよくすすぎ、合成のり剤をとかしたぬるま湯に五分ほどひたして、水気を切って陰干しをすればパリッと仕上がる。逆に柔らかく仕上げたいときは、合成のり剤と柔軟剤を半分ずつにするといいだろう。

★白い手袋はシャンプーのときにいっしょに洗う

白いものはなんであれ、ほかの色ものとはいっしょに洗わないほうがいい。また、白は汚れが目立つのでしっかり手洗いしたいが、手袋には一石二鳥の方法がある。

これは指先の汚れも落ちやすいので、試してみてほしい。

軽く汚れを落としたあと、お風呂に入ったときに洗濯したい手袋をはめてシャンプーをするのだ。髪といっしょに手袋もきれいにしてしまうという、時間節約術でもある。

★革の手袋も手にはめて

革はドライクリーニングでと思いがちだが、手袋くらいなら家で洗える。

水一リットルにつきキャップ約一杯の中性洗剤を溶かし入れ、革手袋を手にはめて、洗剤液の中で両手を合わせて押すようにして洗うのだ。ひどい汚れがある場合は、ブラシでたたいて落とす。

洗い終わったら、酢を数滴たらした水ですすぎ、タオルで水気を拭き取って陰干ししよう。乾いたら、ゴワゴワ感をなくすため、ハンドクリームか皮革用のクリームを塗っておくといい。

★スリッパは洗濯機に入れてはダメ

スリッパは必ず手洗いにしよう。ボール紙などの芯が入っていることがあるので、洗濯機には入れてはいけない。ただ、これも相当汚れたときで、ふだんからまめに手入れをすれば、そうそう洗わなくてすむ。

布製やビニール製のものなら、一週間に一回程度、台所用洗剤に浸した布を絞って水拭きするだけでも、かなりきれいになる。

★ぬいぐるみ

押してみて、弾力があって柔らかいものなら洗える。ぬるま湯をたらいに入れ、洗剤を溶かし入れたらぬいぐるみを押し洗い。汚れがひどい部分は石鹸をつけたネットでこすり、よくすすぐ。脱水したら、ぬれているうちに歯ブラシで毛並みを整え、陰干しすればOK。

電池がはいっていたり、丸洗いがむずかしいものは重曹できれいにしよう。

ポリ袋にぬいぐるみと重曹大さじ一を入れて振ったあと、掃除機で重曹を吸い取るのだ。または、酢水（酢一対水二）をスプレーし、ブラシをかけてから拭き取るやり方でもきれいになる。

乾かす・干すコツ

★乾燥機の時間を短縮するワザ

乾燥機は便利なのだが、電気代がバカにならない。そこで、少しでも時間を短縮するワザとして、バスタオルがある。

乾燥機に乾いたバスタオルを一枚入れるだけでいいのだ。洗濯ものの水分を吸ってくれるから、乾燥時間が短くてすむというわけ。

★タオルは、干し方ひとつでホテル風になる

家庭で洗っても、ホテル風のふわふわタオルにするためのワザがある。

タオルのふわふわ感は、下地から出ている繊維のループ（輪状になったもの）にあるので、つぶれたループを起こしてやればいいのだ。ふつうに洗濯したあとはこのループが倒れているので、干す前にパタパタ振って、ループを起こしてやるだけ。パタパタは二〇回を目安に。

ただし、もっと簡単な方法として、ループの向きの順目と逆目を見るために五回くらい振ってループを整列させ、バスタオルなら物干竿にかけてから、フェイスタオルなら手の上で逆目の方向にやさしくなでる。裏表両面をまんべんなくなでて干せばＯＫ。二〇回パタパタするのと同じ効果がある。

★日当たりよりも風通しが大事

洗濯ものを干すには、日の当たる場所というイメージが強いが、いちがいにそうとはいえない。日向だと日焼けしたり色あせしやすくなるし、繊維も傷めてしまうので、日陰で風通しの良い場所のほうが適しているのだ。

ただし、布巾など、除菌したいものについては日向のほうが効果的。

★夏の夜の、外干しは危険

夜洗って、朝乾いていればラク。しかし、外に干すのは、夏にはあまりおすすめできない。夜は蚊や蛾が飛びまわっているため、衣類を汚す恐れがあるからだ。

夜に洗ってしまいたいときは、風呂場か部屋に干すようにしよう。

★シワ防止のために、手でパンパンたたいてから干す

脱水機から出したままだと、衣類にはけっこうシワがついている。そんなときは、昔ながらの方法が効く。干す前に衣類を大きく振り、両手ではさんでパンパンたたくと、シワをかなり伸ばすことができる。また、首まわり、脇、その縫い目は縮みやすいので、両手で軽く引っ張って伸ばしておこう。

★色・柄ものは裏返して干す

色落ちは洗いのときだけではなく、干すときにも注意したい。太陽の光にさらされるのも、色落ちの原因になるのだ。衣類を長持ちさせるためには、色・柄ものは裏返しにして、太陽光線から表面を守るようにしたい。

★シャツを型くずれさせないために逆さ干しを

衣類は、着たときの形のまま干すと型くずれしにくい。つまり、ボタンやファスナーがついているものは、それをきちんと閉めること。

そして、シャツなどは逆さに干すとよけいなシワができず、あとがラクになる。ボタンは第一ボタン以外はすべてとめ、すその何カ所かを洗濯バサミでとめて、シャツの中が空洞になるように吊るすのだ。

えりは立ったまま、そでは「バンザイ」の形のままにすることで、えり、そでに水分が下りていき、きれいに乾くのでアイロンがけがラクになる。

★フード付きも逆さに干す

パーカーなど、フードのついているものを上にして干すと、えりのあたりが重なり乾きにくくなってしまう。そこで、これもシャツと同様、すそを上にして逆さに干すと乾きやすくなる。

★ストッキングには一〇円玉を入れる

ストッキングは軽いので、風になびいてほかの衣類に絡んだり、ハンガーにひっかかったりして、取り込むときに伝線させかねない。

それを防ぐためには、爪先にきれいに洗った一〇円玉を入れて干すといい。重りになって、ほかの衣類に絡むことがなくなるのだ。

★セーターはハンガーに吊るさない

水分を含んだセーターは重くなっているので、ハンガーにかけて干すと型くずれしてしまう。そこで、セーターは軽く脱水したあと、すのこなどを風通しのよい日陰に置き、そこに平らに広げて乾かそう。

すのこがない場合はピンチハンガーを寝かせたり、風呂の蓋でも代用できる。

★ジーンズは筒状に干す

ジーンズ生地にはタテに縮みやすい性質がある。そこで裏返しにして、タテに引っ張ってよく伸ばしたあと、ウエスト部分を開いてピンチハンガーにグルリととめて干すと、中まで風が通り、乾きが早くなる。

★シーツなど、大判ものは「M字がけ」にする

シーツや毛布など、大きなものをそのまま物干竿にかけると、いくら風通しがよくても乾くまでに時間がかかる。そこで時間短縮のワザを紹介。物干竿を二本使って、間をたるませ、「M字」にかけるのだ。そうすると、乾きの時間がグンと短縮できる。

また、すその部分を大きめのクリップではさんでおくと、重さでシワが伸び、あとのアイロンがけがラクになる。

★小物はドライヤーで速攻乾燥

ハンカチや下着など、急いで乾かしたいときは、生乾きの衣類をポリ袋に入れ、口からドライヤーを差し込んで温風を吹き込むといい。そのとき、ポリ袋を上下左右に振ると、乾きがさらに早くなって効率的だ。ただし、長時間だと衣類を傷めるので、手早く行うこと。

★部屋干しするときはエアコンを活用

部屋干しした洗濯ものは臭うことがあるが、これは乾くのに時間がかかるので、洗濯で取りきれなかった汚れが酸化してしまったり、乾かしているときについた雑菌が繁殖するためだ。部屋干しするときは、なるべく早く乾かすことが大事。

そこで欠かせないのが、エアコンの活用だ。「ドライ」にしておけば乾きが早くなるし、部屋の除湿にもなる。

また、乾燥機を使えば熱効果で除菌は簡単になるが、シワがつくし電気代もかかる。そこで、乾燥機を使うなら八割がた乾いたところでやめ、そのあと部屋干しにするという二段構えにしてもいいだろう。

アイロンがけのコツ

★綿には霧吹き、ウールにはスチーム

アイロンは、素材によってかけ方を変えるのが効果的。繊維は水分を含むと形が変化するので、その状態でアイロンをかけるとシワを伸ばせるが、素材によってかけ方は変えなければいけない。

＊綿、麻、化学繊維＝霧吹き＋ドライアイロン……綿の繊維は目が粗いので、アイロンのスチームでは水分が通りぬけてしまうが、霧吹きの大きな水滴なら水分が残り、シワをきれいに伸ばすことができる。

＊ウール＝アイロンのスチーム……逆にウールは繊維の目が細かく、霧吹きの大きな水滴

は表面ではじかれてしまうので、スチームのほうが適している。

また、スチームを使うときは、蒸気が抜ける場所が必要なので、足つきの台を使ったほうがいい。

★ウールには「浮かしがけ」

セーターなどに直接アイロンがけをすると、表面の毛足をつぶしてしまうので、スチームは表面から少し離して「浮かしがけ」をする。そのあと、全体を軽く振って、水分を飛ばしておく。こうすると、シワが伸びるし、ふんわり仕上がる。

★ワイシャツは裏からかける

えりがピシッとしたワイシャツは、ビジネスマンにとっては毎日着る勝負服だ。アイロンがけも完ぺきでなくてはいけない。

大事なのは、表にゆがみを出さないためにすべて裏側からかけることだ。むずかしいえりから始めるが、えりは端からまん中に向かってかけるときれいにいく。全体も、左手で縫い目を強く引っ張りながらかければ、ピシッと仕上げることができる。

★ネクタイのシワ伸ばし

ネクタイはシルク製のものが多いし、結ぶものだからけっこうシワになりやすい。その手入れは、やはり中温にしたスチームアイロンの「浮かしがけ」だ。

直接かけると生地も傷めるし、テカリの原因になる。生地から少し離してスチームを当てたら、手でシワを伸ばしていく。次にスチームを切り、さらに「浮かしがけ」をしていけば、きれいに仕上がる。

★アイロンはうしろに重心をおき、一定方向にかける

アイロンがけに力はいらない。力を入れて先端で押しつけるようにかけると、跡がついてしまうことがあるが、それではみっともない。そこで、うしろに進むようにかけ始め、

そのままアイロンのうしろに力をかける感覚で前進させると、うまくかけることができる。

また、アイロンを行ったり来たりさせるとシワになるので、生地の繊維の方向に対して平行でも垂直でも一定の方向にかけたら、アイロンを持ち上げて戻り、また同じ方向に動かすことがポイントだ。斜め方向は、生地が伸びることがあるのでＮＧ。

★ひどいシワがあるときは、アイロンがけの前にポリ袋

洗濯ものがシワシワで乾いてしまったときは、アイロンをかける前に全体にたっぷりと霧吹きをして湿らせ、ポリ袋に入れて一時間くらいおいておく。そのあとでアイロンがけをすると、シワはきれいに取れる。

★刺繍のある衣類は裏からかける

刺繍のある面を下にしてタオルの上に置き、裏側からアイロンをかければ、刺繍をつぶさずに、きれいにかけることができる。

★霧吹きの中にアロマオイルを数滴たらして香りづけ

霧吹きの水の中にお気に入りのアロマオイルを三～四滴たらし、よく振ってから使うと、衣類に香りが残ってアイロンがけの最中はもちろん、着るときも気分がよくなるので、女性の衣類にはおすすめだ。

★アイロンがけが終わったら干しておく

アイロンをかけ終わった衣類には霧吹きやスチームの水分がまだ残っているので、すぐにたたむと、たたみジワができてしまう。しばらくハンガーにかけておき、十分に水分を飛ばしてから収納するようにしよう。

知っておくと便利な洗濯の知識

★ドライマークの衣類も自分で洗える

ドライマークがついているものは「ドライクリーニングでなきゃだめ」という意味ではなく「ドライクリーニングができる」という意味だ。つまり、中には水洗いができるものもあるということ。

衣類の表示をよく確認しなくてはいけないが、ドライマークの衣類を洗濯機で洗うときは「手洗いコース」にし、脱水したあとは、縮みを防ぐために伸ばして形を整え、台などの上に平らに干そう。

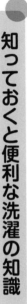

★縮んだセーターを回復させるワザ

セーターを縮ませてしまったとき、回復させるすごワザがある。ぬるま湯にヘアートリートメントを溶かし入れた中にセーターをひたし、手で軽く絞って平らなところで陰干ししたあと、セーターの中にバスタオルなどクッションになるものを入れて、スチームアイロンを浮かしがけしながら手でならして形を整えれば、ほぼ元に戻る。

★黒いシャツの色あせを回復するワザ

黒いシャツは洗濯をくり返していると、どうしても色があせてくる。それを見事回復するワザを紹介しよう。

すすぎの水にビールを加えてしばらくつけておく（水五リットルにつきビール三五〇ミリリットルくらい）。その後は軽く水ですすいで脱水し、陰干しすると色がよみがえるという優れワザだ。

★漂白剤の使い方

洗剤で落ちない汚れは漂白剤の出番。「塩素系」は漂白力が強く、白いものに使う。ただし、酸性の洗剤や酢、クエン酸などと混ぜて使うと有毒ガスが出るので、絶対に混ぜないこと。

「酸素系」は漂白効果がゆるやかなので、色ものの衣類にも使える。いずれも衣類に直接つけると色落ちする危険性が高いので、必ず薄めて使おう。

★お風呂の残り湯は使わない

エコ、節約は大事だが、残り湯で洗濯するのは避けたほうがいい。残り湯には体の汚れであるたんぱく質が混ざっているので、それが洗濯ものについてしまうのだ。きれいにするための洗濯で汚れをつけてしまっては元も子もないので、洗濯には新しい水を使うことをおすすめする。

★バスタオルは洗いすぎない

あまり汚れていない場合は、洗剤で洗う必要はない。水五リットルにつき重曹大さじ一を溶かして、一〇分くらいつけておく。そのあとすすぐだけで、かなり清潔になる。

★これを家洗いするのは危険！

専用の洗剤が市販されていたり、注意事項をきちんと守れば自宅で洗えるものもあるが、気楽にとはいかない。やはり、次のものはクリーニング店に任せたほうが安心だ。

＊シルク……風合いが命の素材なので、処理が大変むずかしい。

＊レーヨン、キュプラ……手洗いはできる素材だが、水で縮みやすいのが難点。

＊混紡素材……混紡だと、それぞれに合う洗剤を使い分けなければならないので、扱いが面倒。

＊モヘヤなど……毛足が命のものは、水の中で毛をなるべく揺らさずに洗わなくてはいけないので、難度が高い。

＊ジャケットやコート……芯地を使っているものが多いので、水洗いは避けたほうが無難だ。

＊革ジャケットなど……シルク同様、革製品は風合いを再現するのがむずかしい。

＊プリーツ加工やエンボス加工などの加工製品……水にぬれると加工が取れてしまい、修正できない。

★脱水時間はほどほどに

脱水時間が長いほどシワがつきやすくなり、型くずれもしやすいもの。全自動洗濯機の「おまかせコース」などは脱水をしすぎている場合もあるので、要注意だ。薄手の衣類の場合は、三〇秒で十分なことも多い。

★糊付けしたものは乾燥機にかけない

ワイシャツなどは、洗ったあとのすすぎ水に洗濯糊を入れて糊付けするが、乾燥機には絶対に入れてはいけない。乾燥機にかけてしまうとゴワゴワになるし、乾燥中に糊がはがれ、乾燥機のフィルターなどをふさいでしまうのだ。

糊付けしたものは外干しするか、先に乾燥させてから糊付けするようにしよう。

第4章
片付け・収納の裏ワザ

片付けの基本の「き」

★片付け上手の三大ルール

物が多くてもスッキリ片付いた印象がする部屋、物がそれほど多いわけじゃないのに散らかって見える部屋。違いを分けるのは、片付け方。だれでもできるたった三つの法則を知っていれば、部屋が見違えるほどきれいに見える。

①物はまっすぐ並べて、凸凹をつくらない。

たとえば、限りなく増えていく本や雑誌も、並べるときに高さ順に並べて背表紙の面を揃えておくだけできれいに見える。奥行きの違う家具や収納ケースを並べる場合も同じ。

②見せる収納は、色や素材を揃える。

細かい生活用品をカゴや箱を使って整理しているのに、雑然とした印象になるのは素材がバラバラなことが多い。安いものでも、色や素材を統一するだけできれいに見える。大きな家具の場合も同じだ。

③置き場所を決める。
必要なものを必要な場所に置く。このシンプルな原則を守れない人が、意外に多い。洗濯機のそばには洗濯に必要な道具、キッチンには調理道具。目的が同じ物を一緒に置くというシンプルな発想が大事だ。

★収納の基準

今、すでにあるものをきれいに見せるコツがわかったところで、次はどうやって収納するか。それには、自分なりの基準を考えればいい。

①使う場所で分類する。
前項で書いたように、使用目的が同じ物をまとめるという考え方。

②使う頻度で分類する。
毎日使うもの、一カ月に一度程度のもの、一年に一度しか使わないものというように、使う頻度で収納場所を決める。よく使うものは手前に、使わないものは奥に置くこと。

③好き嫌いで分ける。

どんなにおしゃれに見えてもどんなに高価なものでも、自分が嫌いなものは使用頻度が減っていく。あってもムダになるだけだ。

★デッドスペースを探せ！

収納スペースが足りないと嘆く前に、家中のデッドスペースを探してみよう。たとえば、手が届きにくい押し入れの上段や台所のシンク上、シンク下にも隙間や使われていない空間があるのでは？

収納スペースと家具の隙間や頭上の空間など、もったいないデッドスペースを効率よく利用するのも、片付け・収納マイスターへの近道だ。

★収納する量は〝腹八分目〟に

収納場所があるからといって、なんでも詰め込みすぎると、取り出すときに難儀する。せっかくきれいに収納してあっても、使いたいときに時間がかかってしまうのでは上手な収納とはいえない。

モノを取り出すときには、必ずアキのスペースが必要だ。一〇〇%モノを詰め込むのではなく、七～八割程度に余裕をもたせて収納するのが正解だ。

★「目線」から「指先」までの範囲に置くもの

身長の低い人と高い人では、収納しやすい場所も微妙に違ってくる。

一般的に、ものを出し入れしやすい棚（スペース）は、「目線」の高さから、手を下ろしたときの「指先」までの範囲だ。日常的によく使うものや、落とすと壊れやすいものは、この高さの範囲内に置いたほうがいい。

逆に、しゃがんで取り出すような膝下より下の棚には、使用頻度の少ないものや重いものを、踏み台に乗らなければ取れないような高い場所には、軽いものを置くことを原則にしよう。

★床にモノを置かない!

部屋が散らかって見えるのは、テーブルや床にモノが置かれているのも一因だ。ちょっとのつもりで置きっぱなしにしているモノが多いのでは?

テーブルの上の新聞や郵便物、床に置いたバッグや生活用品など。出したらしまう、これが原則だ。床にあるモノを片づけるだけで部屋は広くスッキリ見えるはず。なにより掃除がラク!

★収納家具を買う前に捨てる

収納場所や収納家具があるからといって、部屋が片付くとは限らない。むしろ、収納場所があるのをいいことに余計なモノをしまい込んで、結局どこにあるかわからなくなる、なんてことも多いのだ。

スペースがあるばかりに、ムダなモノを買ったり、必要もないのに何十年も前のモノを取っておいたり。〝もったいない精神〟は大切だが、収納家具を買う前に、余計なモノを捨てることから始めよう。

★モノを買う前に収納場所を考える

バーゲンだからといって、あれもこれもつい買ってしまう。調味料やトイレットペーパーが山ほどあって置き場所に困る。これでは片付くはずがない。

大きな家具はもちろん小さな小物類に至るまで、買い物をするときはまず、片付ける場所を決めてから財布のひもをゆるめよう。

見える場所に飾るものなら、色や素材など、部屋に置いたときのイメージも考えて選べば、すっきりきれいに暮らせる。

★大型家具をひとりでも動かせるコツ

部屋の模様替えをしたいけれど、大きな家具を動かさないと印象はガラリと変えられない。フローリングでもカーペットでも、ダンボール一枚あれば大丈夫という驚きワザがある。その方法は、次のとおり。

①家具の引き出しなど中身をすべて引き抜いて、家具を軽くする。
②家具の短いほうの辺に合うサイズのダンボールを用意する。
③家具の端を少し持ち上げて、ダンボールを差し込む。

あとは、ダンボールをズルズルと引っ張るだけ。この方法で、冷蔵庫だってひとりで動かすことができる。

デッドスペースを活用する極意

★隙間にぴったりハマる家具を探す

デッドスペースを見つけたら、効率よく収納する方法を考えよう。家具と壁の隙間や収納スペースの中の仕切りに、もったいない空間が潜んでいることが多い。

そんなときは、あらかじめスペースのサイズをきちんと測って、ぴったりハマる隙間家具や収納グッズを購入しよう。アバウトな買い方をすると、さらに余計なデッドゾーンを作り出してしまうので、注意すること！

★扉の裏は絶好の小物置き場

冷蔵庫のドアポケットを見ればわかるように、じつは扉の裏が〝隠れた収納スペース〟になる。クローゼットのドアの裏、下駄箱の扉の裏、システムキッチンの扉の裏など、じつは大きな収納スペースなのだ。

しかも、多少ガチャついていても外から見えない！　こんな便利な収納スペースを見逃す手はない。

部屋を広く見せるツボ

★部屋を広く見せる家具の六つのポイント

部屋を広く見せるいちばんの早道は、モノを置かないこと。狭い部屋ではとくに、最小限のものだけにするのが広々させる原則だ。

どうしても家具を置きたい場合のポイントは六つ。

①背の低い家具を選ぶ……視線を遮らない背の低いタイプであれば、大型のローボードやテレビボードでも、狭さを感じさせずにすむ。

②脚付きの家具を選ぶ……部屋を広く見せるコツは、床面を大きく見せること。床面が見える脚付きのチェストやソファーなどを選ぶ。

③部屋の形に合った家具を選ぶ……狭い部屋だから大型家具を置けないと思って、収納用の小さい家具をいくつも置いているケースがある。ちまちました印象を与えて、逆効果だ。細長い部屋には細長いローチェストなど、部屋に合った家具であれば、収納力の高

い大型家具のほうがスッキリする。

④壁一面を活用する……壁面の全面を収納スペースにする。その場合、収納する壁は一面のみにすること。複数の壁面を収納場所にすると圧迫感が強くなる。オープンラック部分は見せる収納に徹して、収納物が多いところは扉をつける。

⑤一人二役の家具を選ぶ……収納ボックスやスツールをサイドテーブルに使うなど、二種類以上の役割を果たせる家具を選ぶ。

⑥発想を変える……家具の用途は一つではない。工夫次第でさまざまな使い方を考えれば、ムダな家具を増やさずにすむ。

★カーテンやファブリックで部屋を広く見せる

カーテンやソファーカバー、クッションなどのファブリックの色を変えるだけで、気分がずいぶんと変わる。

部屋を広く見せるためには、そんなファブリックの色をベージュやアイボリー、オフホワイトなどの色で統一するといい。落ち着いた色合いでまとまった部屋は居心地よく、広い場所に感じる。

すべてを統一するのが難しければ、部分的に揃えるだけでも効果的だ。部屋に入ったときに最初に目につく場所に色彩の統一感があると、整頓された印象を与えてスペースが広く感じられる。

★大きな家具は入り口付近に置く

背の高い家具があると、圧迫感があって天井が低く見える。家具をできるだけ一カ所に集めるのが部屋を広く見せるワザだが、高さがバラバラではダメ。

入り口付近に一番背の高い家具を置いて、窓側に向けて高さを低くしていくのが部屋を広く見せる簡単テクだ。入り口から死角になるし、部屋に入ったときに視線の先に低い家具があるため、遠近法で奥行きが広く感じられるからだ。

★片側の壁を見せる

壁中に家具が並べられていたら、どんなに収納スペースが確保できても息苦しい。大きな家具は部屋の片方の壁にまとめて、もう片側の壁を見せるようにすれば、圧迫感が減って広々した印象に。

絵画などを飾る場合も同じだ。片側に背の高い家具、空いている壁に絵やパネルを飾ってしまいたくなるが、部屋を広く見せたいなら、避けたほうがいい。

タンスの実用的な収納のツボ

★よく着る服ほど下段に入れる

タンスは、下段ほど湿気が溜まりやすくカビも生えやすい。頻繁に引き出しを開け閉めして、空気を循環させてやるのが衣類にやさしい方法だ。

そこで、ふだんよく着るものほど下段にしまおう。しゃがむ回数が増えてしまうのは仕方がない。下段の湿気を少なくできれば、必然的に上段の引き出しも湿気やカビを抑えることができる。

★開かなくなった引き出しの上手な開け方

タンスの上に重い物を長期間置いたままにしておいたり、暖房で室内の湿気が高くなったとき、一時的に引き出しが開かなくなることがある。

解決策は、まず上にある重い物を下ろして部屋の風通しをよくすること。暖房が原因の場合は、タンスの木材が吸湿膨張したために起こる現象だから、窓を開けて乾燥させればいい。湿気を吸ってしまった木材の乾燥収縮は、一カ月ほど根気よく時間をかけて行おう。引き出しが開くようになったら、引き出しの縁を軽くサンドペーパーでこすってやれば、次からは容易に開けられるようになる。

衣類の上手な収納術

★ えり付きえりなしの洋服を交互にかけて収納力アップ

タンスやクローゼットに洋服をハンガーにかけて収納するときは、ハンガーの向きを同方向にかけるのがコツだ。さらに、えり付きとえりなしの服を交互にかけると、収納力に差がつく。

★ 衣類は丸めて立てて収納

衣類を同じ大きさにたたんだあと、立てて収納する。積み重ねて入れると、下のほうの衣類を探したり取り出すのに苦労するが、これなら一目瞭然。

収納ケースが深めの場合は、セーターやTシャツなどをたたんだあと、クルクル巻いて立てて入れる。このほうがケースにたっぷり入る。

★冬物セーターはストッキングに入れて収納

かさばる冬物の衣類は、オフシーズンの収納スペースも多く必要だ。でも、こんな工夫をすれば、効率よく省スペースになる。

その工夫とは、ストッキングを使うこと。三つぐらいにカットした破れたストッキングに、たたんで丸めたセーターを入れるのだ。セーターは肩の部分から内側に折りこみ、半分にたたんでクルクルと丸める。伸縮するストッキングに押し込んでギュッと細長い棒状になったら両端を縛る。積み重ねてもいいし立てることもできるので、たたんだときよりずっと数多く収納できるのだ。

★ズボンはヒザを曲げて、交互に重ねる

ズボンはハンガーにかけておきたいところだが、収納スペースが足りないときはたたんでしまおう。そのとき、中心で二つにたたみ、ウエスト部分が交互に重なるように入れる

と、収納枚数が増やせる。

ただし、曲げた部分に折りジワができやすいので、丸めたタオルかラップの芯を折り目の内側に挟んで入れるといい。

★スカーフはたたむより吊るして収納

スカーフやベルト、帽子などのオシャレ小物も、収納に頭を悩ませるアイテムだ。タンスの小引き出しにたたんで入れる場合もあるが、スカーフはシルクやレーヨンなど折りジワがつきやすい素材が多いので、たたむより吊るしたほうがいい。

それには、タンスの扉の裏スペースを活用しよう。扉の裏にタオルハンガーかふきんハンガーを取り付けて、吊るして収納。このほうが取り出しやすいメリットもある。

衣類の防虫・防カビの極意

★タンスの防虫・防カビには新聞紙が効果絶大

市販の防虫・防カビシートもあるが、新聞紙は簡単にタンスの湿気を取ってくれる。これは昔から、〝おばあちゃんの知恵〟として紹介されている方法だ。

新聞紙は、湿気を吸い取ってカビを防ぐ効果に優れる。また、新聞紙のインクの臭いを虫が嫌うため、防虫効果もある。

白い衣類に新聞のインクがついて汚してしまう場合もあるため、新聞紙の上に透明なハトロン紙を敷けば万全。

タンスの湿気が衣類に移らないよう、新聞紙をこまめに取り替えることも忘れないで。

防カビには、タンスの中に衣類を詰め込みすぎないことも大事な原則だ。

★冷風を当てて防虫剤の臭いを取る

オフシーズン中にしまっていたコートや洋服を取り出したとき、防虫剤の臭いがキツイと感じることも多いだろう。

そんなときは、ハンガーにかけたまま洋服にドライヤーの冷風を当てるといい。ウールのコートなどに温風を当てると生地を傷めてしまうことがあるので、必ず冷たい風に当てること。

★お茶殻やコーヒーのカスで衣類の臭いを取る

気になる衣類の臭いを、身近な手づくり消臭剤で取り除こう。

お茶殻には消臭・抗菌作用があり、焙煎したコーヒーのカスには臭いを吸着する働きがある。

それらをザルなど通気性のいい容器に入れて保存しておき、陰干しする。カラカラに乾燥させたあと、ティーバッグに詰めて洋服と一緒に吊るせば、不快な臭いを撃退できる。

★防虫剤は上、除湿剤は下に置く

大切な衣類にカビがはえたり虫食いの穴が開いていたらガッカリ。衣替えなどで衣類を片付けるときに忘れてならないのは、防虫・防湿対策だ。防虫剤・防湿剤の効果が半減しないように、正しい置き場所を覚えておこう。

防虫剤は衣類の上に置く。防虫成分は空気より重いので、上に置くことで効果が衣類全体に回りやすくなる。除湿剤は下。湿った空気は下のほうに溜まりやすいからだ。

★晴れた日は虫干しをする

冠婚葬祭の礼服や数年に一度しか着ないような、タンスの隅に眠っている洋服があるもの。湿気の多い日本では、カビや虫から衣類を守る大切な習慣として、年に一〜二度の虫干しが行われてきた。

タンスに入れっぱなしになっている衣服を外に出して風を当てることで湿気をとり、乾燥した空気を含ませるための習慣だ。

虫干しを行うのは、梅雨明けの土用のころやカラリと晴れた秋の日。二〜三日晴天が続いて空気が乾燥している日中で、午前一〇時頃から午後二時頃までの二〜三時間がベストだ。風通しのいい日陰で数時間、干してから収納する。間違っても、雨が降った日の翌日には、たとえ晴天でも虫干しをしてはいけない。

衣類を出すのが面倒なら、クローゼットの扉やタンスの引き出しを開けっ放しにする、簡単虫干しだけでもＯＫだ。

押し入れ、クローゼットの片付けの極意

★ふとんの下に収納ケースを並べる

ふとんをしまったときに、上のほうに空きスペースができる場合、この空間をそのままにしておくのはもったいない。ふとんの下に同サイズの収納ケースを並べて、その上にふ

とんを積み重ねよう。

下のほうにたまりやすい湿気から、ふとんを守る湿気対策としても有効。

収納ケースにはシーツやパジャマ、小物類をまとめておけば乱雑にならず、一石三鳥だ。

★押し入れを収納タンスに変身させる裏ワザ

ふとんを押し入れにしまう必要がない場合、押し入れをクローゼット代わりに利用している人は多いはず。パイプを取り付けて洋服かけにしたり、収納ケースを積み重ねるアイデアは、よく使われているだろう。

そこで、ワンランク上の活用術をご紹介。押し入れは奥行きが広い。奥のほうにカラーボックスを横に二段積み上げて、雑誌やバッグ、小物類置き場にする。手前は、パイプを取り付けて衣類をかけるスペースにすればいい。

また、パイプを二本取り付けて、夏用・冬用と衣類を分けてかける。こうすれば、衣替えのたびに前後の衣類を総取り替えするだけだから、手間要らず。

★クローゼットの衣類は、丈を揃えて並べる

クローゼット（洋服ダンス）に収納するときは、衣類の丈を揃える。これが収納上手のルールだ。

スーツにコート、ワンピースにシャツなど、ルールを決めずに丈がバラバラなまま入れると、空間のムダ遣いになる。壁からコート、ワンピース、スーツ、シャツ類と、長い丈のものから順番に並べてかけるようにすると、丈が短いスーツやシャツ類の下に空間ができる。

この場所に収納ケースやカゴなどを置けば、小物やセーターなどを入れる収納スペースができる。

★壁から五センチ隙間を空けて湿気予防

押し入れの収納力はバツグンなのだが、なんでもギュウギュウに詰めてしまっては風通

しが悪くなって、カビの住処になってしまう。

衣類と壁とのあいだに、最低五センチほど隙間ができるような容量に留めること。湿気対策として、押し入れの床や壁にすのこを置くのも有効なアイデアだ。

★湿気を簡単に取るコツ

押し入れは湿気がこもりやすい場所でもある。大事な衣類やふとんを湿気やカビからガードするために、晴れた日にはマメに湿気対策を行いたいもの。

押し入れの扉を中央に寄せて開け、片側から扇風機の風を一〇～二〇分程度送り込む。もう一方の側から湿った空気が出て、押し入れの中をカラっと乾燥させられる。

湿気の多い家では、この方法を積極的に取り入れるといい。下駄箱や食器棚にも応用できる湿気対策のコツだ。

寝具の上手な片付け方

★ ふとんを長持ちさせるたたみ方

長く使うものだから、ふとんは長持ちさせたいもの。それには、たたみ方にコツがある。綿の入った木綿ぶとんは、はじめに短いヨコの辺の両端を合わせて重ね、次に長いタテの辺を合わせてたたむ。このたたみ方のほうが中の綿に負担がかからない。

★ ふとんは押し入れ上段に片付ける

湿気は下のほうに溜まりやすい。持ち上げるのは少し大変だが、湿気から守るためにもふとんはできるだけ押し入れ上段に片付けよう。湿気に強いマットレスなら、下段でもＯＫだ。

★ふとんを片付ける順番はコレ！

綿ぶとんを片付けるときの正しい順番は、片付けやすさからいうと、掛けぶとん、毛布、敷きぶとんの順だが、これだと敷きぶとんの重みで綿がつぶれてしまう。

面倒でも、片付けるときは敷きぶとん、掛けぶとん、毛布類の順番を守ること。

★オフシーズンの薄手のふとんや毛布は丸めて収納

たたんで積み重ねていく方法でも問題はないが、丸めて紐がけした状態で収納すると、取り出すときに便利だ。

二つ折りにして端からクルクルと巻き、両端二カ所を紐でしばる。これなら縦置きでも横置きでも収納できる。紐でしばる代わりに、丸めた状態で古くなったTシャツを着せて収納するのも賢いワザだ。

★木綿は圧縮袋、羽毛はふとん袋

ふとん収納に圧縮袋を利用する方法も一般的になった。木綿ぶとんは日光に当ててよく乾燥させたあと、圧縮袋に入れて押し入れなどに収納する。

ただし、羽毛ぶとんの場合は考えもの。使い方を間違えると、カビがはえたりダニの温床になることがある。

とくにバルブ式圧縮袋で収納する場合は、掃除機で空気を抜くときに途中で止めないこと。空気が逆流して、掃除機のゴミの中のダニが袋に入ってしまうこともあるからだ。羽毛は専用の袋を使うか、ふとん袋のほうが安全だ。

着物に親しむ極意

★ 着物は脱いでも、すぐにたたまない

夏祭りには浴衣でお出かけ。めったに着ない浴衣や着物だからこそ、お手入れ方法はきちんと知っておきたい。

着物（浴衣）は、脱いだあとすぐにたたまないのが、長持ちさせる秘訣だ。ハンガーに掛けて二時間から半日程度そのまま風にあてておくと、体温や湿気が取れて座りジワなども取れてくる。ただし、掛けっぱなしは型くずれの原因になるので、注意しよう。

★ 新しい足袋は、はく前に一度水にさらす

新しい足袋をはくと、ものすごくきつく感じることがある。足袋はそれくらい足にフィットしていたほうが美しく見えるのだが、きつすぎて血行不良になるようでは困ってしま

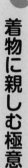

う。

しっかり糊のきいた新しい足袋は、はく前に一度水にさらして乾かしておくといい。糊がほどよく取れるので、はいたときに足になじみやすいはずだ。少し縮んだように感じたときは、伸ばすようにしてはけば、ちょうどよくなる。

★収納するときは、季節・材質・用途別に

着物はやはり、桐ダンスで保管するのがベスト。桐材は防虫効果もあるし、空気の通りもいいためだ。三段や五段など小型のタンスもあるので、着物収納専用にしたい。

夏物と冬物、袷《あわせ》、絹とウールと木綿、よそ行きと普段着など、季節・材質・用途別に分けて収納すること。タンスの引き出しが足りないときは、よそ行きの着物をなるべく上にして、シワにならないように気をつけよう。

着物の幅に切った厚紙（カレンダー程度の厚さ）を、裾《すそ》から差し込んで収納しておくと、折りジワがつかずに便利だ。

キッチンの上手な片付け法

★シンク下の片付け術① フライパンはファイルボックスに

フライパンや片手鍋は立てて収納するのが取り出しやすく、使い勝手がいい。それには、B4サイズのファイルボックスがおすすめだ。

幅が約一〇センチあるため、深めのフライパンなら一個、浅め・小型のものなら二個入れておける。

★シンク下の片付け術② 鍋は重ねて置く

鍋と蓋《ふた》を別々に収納する方法もあるが、使い勝手を考えるとセットで保管するほうがいい。蓋を裏返しにしてその上に別の鍋を重ねておく。

大きな鍋やたまにしか使わないものは奥に、雪平鍋など日常使いのものを手前に置くのが鉄則だ。

★シンク下の片付け術③ コの字ラックやカゴで整理

配水口やパイプがあるシンク下は厄介なスペース。一〇〇円ショップなどで売っているコの字ラックやカゴを使って空間を仕切り、二重三重にスペースを利用すると収納力がアップする。

通気性のいいメッシュのカゴは、割り箸を通すと仕切りになるし、積み重ねることもできるので便利だ。

また、ラックを買うときは必ずスペースのサイズを測ってから。物を取り出すときのゆとりも加味して選ぼう。

★扉の裏活用術① フック付きハンガーで収納

扉の裏も、隠れた収納スペース。ココはしっかり利用したい。

ゴチャつきやすいお玉やフライがえしなどは、形がバラバラで置き場所に困るキッチン用具。扉の裏にフック付きハンガーを取り付ければ、一本一本引っ掛けて収納できる。からまずに出し入れできるので使い勝手がいい。

★扉の裏活用術② 洗濯ネットを取り付けて収納

洗濯ネットを画びょうで扉の裏に付ける。中身が見えるメッシュの洗濯ネットは、細々したものや散らかりやすいスーパーのレジ袋などを入れておくのに便利。

★扉の裏活用術③ 粘着フックで書類ケースを取り付けて収納

扉の裏に、粘着フックでファイルケースを取り付ける。重いビン類などは無理だが、スポンジやたわしなどキッチンの掃除グッズをまとめて入れるにはピッタリだ。

★シンク上の収納術① ファスナー付きケースでストック

シンク上の吊り戸棚は、手が届きにくいのが難点。そこで、ビデオテープなどを入れる透明なファスナーケースを活用しよう。

透明だから中身がすぐにわかるし、取っ手を引っ張ればすぐに取り出せる。密閉容器や乾物類など散らかりがちなものをまとめて入れておこう。

★シンク上の収納術② 取っ手を付けた箱やカゴで収納

取っ手付きの収納アイテムを探すのが面倒だったら、自分で作ってしまおう。箱やカゴに、リボンや紐、荷造り用などの取っ手を付けるだけ。手が届きにくい吊り戸棚からの出し入れもスムーズになる。

シンク上の戸棚上段は、ふだん使わない調理用具やラップ類のストック置き場にする。下段には、比較的よく使う密閉容器や保存容器を。

ただし、湿気が強い場所なので、小麦粉やパン粉などを保管する場所には不向きだ。

★食器棚をきれいに見せる工夫① 食器の並べ方を決める

ガラス扉で中が見える食器棚は、使いやすさと同時に見せる工夫も大事。見た目にも美しい印象を与えるためには、食器の並べ方を工夫したい。

まずガラス類や色の薄い食器は、上段の棚に。軽くて涼やかな印象を与えられる。取り出しやすい中段には、普段づかいの食器を。

奥行きの深い食器棚の場合は、カゴやトレーに食器を入れておく。奥にしまった食器も必要なときに収納容器ごと引き出せばいい。

しゃがんで取り出す下の棚には、重い大皿や使用頻度の少ない食器を収納する。

★食器棚をきれいに見せる工夫② カップ類はカーテンレールで収納

コーヒーカップやティーカップなどのカップ&ソーサーも、場所を取る食器だ。おすすめ収納法は、棚板にカーテンレールを取り付けて、カップの持ち手をフックにかけて上から吊るすやり方。

ソーサーを積み重ねた上部の空間にカップを吊るせば、見た目もステキ！

★パスタは二リットルペットボトルで収納

開封したあとのパスタや麺類の保存には、ファスナー付き保存袋や専用収納容器もあるが、ペットボトルも意外と重宝だ。

二リットルタイプなら、パスタのサイズにもちょうどいい。透明だから残量もすぐにわかるし、そのまま常温保存ができる。

ペットボトルの口から一度に取り出せる量が、パスタの場合で八〇グラム程度。これが約一人分に相当する量であるというのもうれしい、便利ワザだ。

★スーパーのレジ袋はたたんで収納

サイズがバラバラで散らばりやすいレジ袋も、収納しにくいキッチンアイテムのひとつ。結んで袋やカゴにほうりこんでおくだけという人も多いが、やはりレジ袋は折りたたんでおくほうが収納力は格段にアップする。

二つ折りにしたあと、左右から内側に折りたたむ。そのあと、蛇腹折りにして端を内側に折り込むようにすれば、平たくスリムに。

箱形のティッシュボックスを利用するのも一案。箱のサイズに合わせて折りたたんだあと、積み重ねて入れて穴から一枚ずつ取り出せばいい。

冷蔵庫のワザあり収納術

★ 冷蔵室はカゴや箱で仕切る

たくさんの食品を詰め込んでどこに何があるかわからなくなり、奥のほうから干からびたハムが出てきた、なんて失敗はだれにでもあるはず。

そんな失敗を防ぐには、カゴや菓子箱、牛乳パックなどさまざまなアイテムで仕切って収納するのが賢いワザだ。

たとえば、納豆や海苔などの和食系、ジャムやチーズなどの洋食系などと分類してカゴや箱に入れておく。必要なときに入れ物ごと取り出せば、扉の開閉時間も短くなって消費電力も少なくできる。

★野菜は立てて収納

野菜は畑にいたときと同じ状態で保存するのが長持ちの秘訣で、それは冷蔵庫でも同じだ。キュウリや葉もの野菜はできるだけ立てて収納する。そこで、活躍するのがペットボトルや牛乳パックだ。

深さ一五センチ程度の長さに切り、そこに野菜を立てて入れるのだ。ペットボトルの切り口はビニールテープなどを巻いてガードしておくといい。

葉もの野菜はキッチンペーパーやふきんで包んでから、ファスナー付き保存袋に入れて立てておく。

★お米はペットボトルで冷蔵収納

外食が多い〝おひとりさま〟の中には、お米に虫がついてしまった経験もあるのでは？　暑い夏はとくに虫がわきやすい。少量のお米なら、冷蔵庫で保管したほうが無難だ。

そこで、とっておきのワザがある。お米の保管にペットボトルを利用するのだ。五〇〇ミリリットルのボトルに約三合、二リットルなら約一二合入る。五キログラムのお米なら、二リットルボトルが三本あればいい計算だ。

ペットボトルなら野菜室に立てても横にしてもＯＫ。少ないお米収納には最適な方法だ。

★冷凍食品も立ててぎっしり収納

冷凍庫は、できるだけ冷凍食品を詰め込んでいるほうが、節電効果が高い。そのためには、フリージングする食品をスリムに平たくすることを心がけよう。

ご飯やカレー、ドライカレーの素などから茹で野菜やショウガのすりおろしに至るまで、ファスナー付き保存袋に入れて平たく伸ばす。ファスナーの口を閉めるときは、袋を寝かせて手で押しながら空気を抜くといい。

ポイントは、そうして平たくした保存袋を必ず立てて入れることだ。袋のサイズごとに並べるとムダなく収納できるし、見つけやすい。小袋は、まとめて入れるカゴや専用箱を用意すると、迷子にならない。

★細かいものはペットボトルに入れ替える

ミックスベジタブルなど細かなものは、袋から取り出してペットボトルなどへ移し替えておく。そうすると、調理をするときに使いやすい。

★冷凍室はブックエンドで間仕切り

冷凍食品をぎっしり詰め込むのはいいが、ゴチャゴチャになりがちなのも事実。そこで、スチール製のブックエンドを利用してスッキリ整理しよう。

肉、魚、加工品など食品ごとにブックエンドを立ててもいい。取り出したときにもほかの食品が崩れにくいため、整理がラクになる。

スチールなので冷凍効率も高く、それ自体が保冷剤の役割を果たす。ただし、触ったときに手にくっつくこともあるので、ご用心を！

★使いかけの冷凍食品はカラークリップで分類

使いかけの冷凍食品は、早く食べきってしまいたいもの。開封したあとの袋は、カラークリップで留めておくと、見分けやすい。

素材もの、揚げ物など食品の種類別に色分けしておくと、さらに便利だ。冷凍庫の中が、格段に整理されて使いやすくなる。

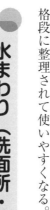

水まわり（洗面所・トイレ）をきれいに片付ける

★用途別に収納場所を決める

洗濯グッズや洗面所の歯ブラシなど、家族が多ければ多いほど乱雑になりがちな水まわりのグッズたち。整理整頓の第一歩は、用途別に収納することだ。

洗濯用品、ヘアケア用品、化粧品、タオル類、洗濯グッズと、空き箱や籐カゴ、一〇〇円ショップの収納グッズなどを利用して、まず用途別に分類することから始めよう。洗濯グッズは洗濯機の近く、ヘアケア用品や化粧品は洗面所の近くと、それぞれの使い勝手や機能性を考えた適切な置き場所を決め、〝出したらしまう〟を徹底していけば、スッキリできる。

★収納グッズは色と素材を統一

用途別の置き場所が決まったら、収納グッズにもひと手間かけよう。籐カゴやプラスチック製の透明ケースなどを用意するとき、色や素材感、大きさを統一して揃えると、見た目のオシャレ度が格段にアップする。

洗面所まわりのグッズにはカラフルなものも多いので、その統一感でスッキリ見せよう。

★洗面台の扉の裏も有効活用

洗面台には必ず扉付きの収納スペースがある。意外と忘れられがちなのが、この扉の裏。

粘着フックを付けたり、小さなカゴをぶら下げたり、細々した小物類は扉の裏にまとめて収納しよう。

髪留めや輪ゴムなど、つい散らかりがちな小物類の収納にも威力を発揮するスペースだ。

★洗面台の下はラックやカゴやファイルボックスで空間活用

液体洗剤のボトルや粉石鹸の箱、掃除グッズなどは洗面台の下にまとめて収納することが多い。キッチンと同じように、ここでもコの字ラックやプラスチック製のカゴ、菓子箱などを駆使して、空間をムダなく活用しよう。

Ｂ４ファイルボックスも大活躍だ。スリムで奥行きのあるファイルボックスは、洗剤ストックなどにもってこい。いくつもファイルボックスを並べて収納すれば、ゴチャゴチャになりやすい水回りのグッズも整然と片付けられる。

★つっぱり棒でスッキリ

洗濯機の上などに空いている空間があったら、つっぱり棒を利用しよう。バスタオルや洗剤、物干グッズなどを分類収納して並べる。取っ手のついたメッシュカゴなどを使うと、取り出しやすくて便利だ。

★浴室の小物類は床に置かない

浴室も、シャンプー容器や子どものおもちゃなど、思いのほか小物類が多いもの。ただし、浴室の床に直接置いておくと、水アカがついて掃除が面倒になる。針金ハンガーを曲げた簡単フックを二本作り、メッシュタイプのカゴにつけて浴槽に引っ掛けておく。子ども用のおもちゃなどをまとめて入れておく場所として、重宝する。

★入り口ドアの上の死角スペースに再利用

トイレの扉の上は、死角になるうえにデッドスペースでもある。この空間を使わない手はない。壁につっぱり棒を一本取り付けるだけで、トイレットペーパー置き場になる。二本のつっぱり棒を取り付けて板を置けば、収納スペースに。掃除用の洗剤やティッシュ置き場にも活用できる。

玄関をスッキリ片付ける極意

★玄関が広く見えるひと工夫

狭い玄関を広く見せるコツがある。玄関脇の壁面に姿見用の鏡を取り付けるのだ。鏡の効果で玄関が広く見える。

また、壁にコートかけ用のハンガーフックを取り付ければ、わざわざコートハンガーを置かなくても大丈夫だ。場所をとらずに、コートやバッグなどをかけておける。
玄関の壁面も、見落としがちな収納スペースだ。

★つま先とかかとを交互に並べて収納力アップ

棚板に靴を並べるとき、つま先とかかとが交互になるようにすると、ムダな隙間が減る。見映えはよくないかもしれないけれど、家族が多くて下駄箱の収納力を増やしたいとき、簡単にできる収納ワザだ。

★スリッパはこうして収納

来客用のふだん使わないスリッパは、下駄箱の扉の裏にタオルハンガーを取り付けて目隠し収納するといい。

籐カゴにまとめて入れておくのも、コンパクトで見映えのする収納法だ。

★コの字ラックで小物収納

下駄箱の棚板の上下に余裕があるときは、つり下げタイプのコの字ラックを使って空間を有効利用しよう。折りたたみ傘をしまったり、靴のメンテナンス用品を収めるスペースにちょうどいい。

★子ども靴はコップ立てで収納

サイズの小さい子ども靴も、玄関で散らかりやすいアイテムの一、二を争う。そこで、コップ立てを利用しよう。コップの代わりに靴をかけるだけ。やや高さが出てしまうので、棚板の位置を調節する必要はあるが、取り出しやすくて便利だ。

★オフシーズンの靴は箱に入れて収納

日常使いの靴はそのまま棚に並べておくに限るが、滅多に履かないフォーマル用の靴やパーティー用のヒール、オフシーズンの靴などは、靴箱に収めておくのがいい。棚の高さに余裕がある場合は、箱の上に新聞紙や紙を敷いて普段使いの靴を置けば、ムダなスペースを作らずにすむ。

奥行きが深い場合は、普段使いをしない靴は奥に、手前に日常よく履いている靴を並べる。子ども用の小さな靴はカゴや箱に入れて収納するといい。

子ども部屋の整理整頓

★おもちゃ箱は移動式が便利

増えつづける子どものおもちゃほど片付けに困るものはない。ここは、大きなフタ付きのカゴや箱に一度に放り込むのが一番カンタンだ。

そのカゴや箱にキャスターを付けるひと工夫をすれば、遊ぶ場所まで移動もラクチン。子どもでも移動させられるから、片付けの習慣を覚えさせられる。

おもちゃの種類別にカゴや箱を分別収納すると、出し入れもラクになる。

★工作や絵はラップで収納

子どものころに描いた絵が保管されていると、大人になったときに懐かしく、親の愛情も感じられる。

でも、増えつづける作品の収納場所を見つけるのは難題だ。そんなときは、ラップの芯を利用しよう。子どもの絵を丸めてラップの芯の中に入れておくだけ。芯の表側に絵を描いた日付や作品名を書いておけば、思い出もよみがえりやすい。

工作は場所を取るのですべてを保管しておくのは難しいかも。そんなときは、写真に撮ってアルバムに整理する。工作を持った子どもの写真も撮っておけば、そのまま成長アルバムにもなる。

第5章
住まい・家具の裏ワザ

家具の手入れのコツ

★白い家具の黄ばみをとるコツ

身につけるものと同じで、家具も白いものはオシャレだが、日光に当たったり、ホコリが付着して黄ばみがちだ。そんなときは、練り歯磨きを使うといい。乾いた布につけて、軽くなでるように全体を拭くと、白さが戻ってくる。ただし、強くこすると白い塗料がはげることがあるので注意しよう。

★木製の家具の汚れはコンスターチで取る

木製の家具には手あかや汚れがつきやすいが、コンスターチの粉を使えばツヤツヤによみがえる。表面のホコリを払ったあと、粉を乾いた柔らかい布につけてキュッキュッと拭くだけだ。大事な家具を手あかなどから守ってくれる。コンスターチの代わりに、米ぬかでもいい。

また、ちょっとした傷ができてしまったときは、フローリング用の補修ペンで直すことができるが、もっとお手軽な方法がある。傷の部分に同じ色のクレヨンをぬるのだ。かなり目立たなくすることができる。

★木製の茶色の家具は、出がらしの紅茶で手入れする

マホガニーなど、木製の茶色い家具は使い込んでいくにつれ風合いが増していく。そのためにも、ふだんの手入れが大事。使う道具は、特別なものはいらない。必要なのは、使い終わった紅茶のティーバッグだけ。

水一リットルにつき、使い終わった紅茶のティーバッグを二～三個入れ、いったん沸騰させてから冷ます。その紅茶液に布をひたし、固く絞って家具を拭くのだ。そのあと、乾いた布でから拭きすればOK。これだけで傷も目立たなくなるし、汚れもつきにくくなる。

ただし、薄い茶色のものの場合は、目立たないところで試してから全体をやるようにしよう。

★古くなった家具はみかんの煮汁で拭く

古くなった家具はツヤが失せてくるが、輝きを復活させるワザがある。みかんの皮を煮出した汁で拭くのだ。

乾いた布で全体をふいてホコリを払ったあと、むいたばかりか、もしくは風通しの良いところで干したみかんの皮を煮出した汁を布に含ませて拭く。そうすると、ツヤや風合いが戻って、見違えること請け合いだ。

★白木の家具は豆乳で磨く

塗料を使っていない白木の家具はその独特の風合いが魅力だが、長く使っていると、どうしてもくすみが出てくる。しかし、水拭きは厳禁。水を吸収してシミになりかねない。

そこで、白木の強力な味方として登場するのが豆乳だ。豆乳に含まれるたんぱく質や脂肪分がツヤを出してくれるのだ。糖分などが入っていない無調整の豆乳に布をひたし、しっかり絞って余分な水分を取ってからゴシゴシと強くこすれば、きれいに復活する。

★白木の家具の傷にはアイロンが効く

白木の家具は何かをぶつけてしまうとへこみができるなど、ちょっとしたことで傷がつきやすい。ただ、軽いへこみなら簡単に回復させられる。

水で洗った布を固く絞り、傷に当てる。その上から一〇〇度くらいにしたアイロンをあてるのだ。何度か繰り返すと、へこみはなくなってくる。

しかし、白木は湿気にも弱いので、最後にから拭きをして水気を完全に取っておくようにしよう。

★籐製の家具はふだんの手入れが大事

籐製のものは、編み込みの部分にホコリがたまりやすいので、ふだんの手入れを心がけたい。ハケでホコリをかきだし、掃除機をかけるのだ。また、古ストッキングでこするのも有効。細かい目のホコリが取れ、ツヤも出る。

編み目がほつれてしまったときは木工用ボンドで補修できるが、形がゆがんだものは熱湯をかけると元に戻る。上下を逆さまにして熱湯をかけ、日の当たるところでよく乾燥させれば、張りも回復させることができる。

★桐のタンスの黒ずみを取るワザ

桐ダンスは防虫・防湿効果が高く、削り直しもでき、ていねいに扱えば何代にもわたって使えるものだ。ただ、長く使っていると、どうしても表面が黒ずんできてしまう。

この黒ずみをきれいにしたいときは、目の細かいサンドペーパーで軽く表面をこするといい。もう一歩、本格的にきれいにしたいときは、溶かした砥の粉（粒子の細かい土・市販されている）をつけた布でこすったあと、乾いた布で粉をぬぐい、薄くワックスをつけてから、から拭きすれば、味わいがいっそうよみがえる。

★濃い色の革のソファは、バナナの皮で汚れを取る

ソファに限らず、革の手入れの基本はから拭き。水拭きすると革が硬くなったり、変色の原因になるので避けること。ただし、汚れがひどい場合だけはウール用の洗剤で水拭きをしよう。そのあとで固絞りした布で拭き、レザー用のクリームを塗っておけばＯＫだ。

しかし、黒や焦げ茶など、濃い色の革に限定されるが、もっと簡単な方法がある。前に紹介したバナナだ。バナナの皮の内側の白い部分を革にこすりつけ、最後に乾いた布でから拭きする。それだけで、洗剤とクリーナーを使ったときと同じくらいきれいになるのだ。ただし、くれぐれも、薄い色の革にはやってはいけないということを忘れずに。

★革張りのソファにボールペンやクレヨンがついたら食パンで取る

小さな子どもがいる家庭では、思わぬところに落書きされていることがある。革張りのソファも例外ではない。そこで、革張りのソファにボールペンやクレヨンがついてしまっ

たら、食パンで取れることを覚えておこう。

①食パンの耳を取り、白い部分だけ丸める。

②それをこねて粘土状にし、汚れの部分にこすりつける。

①②を何度か繰り返せば、ボールペンやクレヨンの汚れでも、たいていはきれいに落ちる。

★ 合成皮革のソファのツヤ出しのコツ

見た目は本革と変わらないものの、だんだん光沢が失われていくのが合成皮革だ。そこで、ツヤを保つためにはこまめな手入れが欠かせない。

食器用洗剤を含ませた布でソファを拭き、しつこい汚れがある場合は、スポンジなどで円を描くようにするといい。そのあと水でしっかり二度拭きし、乾いた布で拭く。最後に、酢で拭きあげるとシミ防止になる。

加えて、スチームアイロンをあてると、張りも戻る。

★布張りのソファをきれいに保つコツ

布張りのソファは丸洗いできないので、ふだんからマメにホコリを払っておくことが重要だ。

新品のうちに防水スプレーをかけておきたいが、すでに時間がたっている場合は、毛足の柔らかいブラシでブラッシングし、掃除機でホコリを取る。そのあと、ファブリック用の消臭スプレーをかけておくといい。

頑固な汚れがついてしまったときは、全体に重曹を振りかけて一時間くらいおき、掃除機で吸い取る。そのあと、ファブリック用の消臭スプレーをかけておくといい。

または、ぬるま湯に中性洗剤を溶かし、それをタオルにしみ込ませて、たたくようにして拭く。

その後、洗剤なしのぬるま湯だけでタオルを絞り、洗剤が残らないように何度も拭いておこう。

★布張りのソファに血がついてしまったら掃除機で取る

洗えない布のソファに血など、取れにくい汚れがついてしまったら、ただ洗剤をつけてふいても、かえって布にしみ込ませるだけ。

そんなときは、汚れの部分に洗濯用洗剤と水をまいて十分に泡立てさせたあと、上にタオルをかぶせて、タオルの上から掃除機で吸い取る。こうすると、洗剤、水分といっしょに汚れも吸い上げられるのだ。

だいたい汚れが取れたら、今度は水だけをまき、タオルをかけて掃除機でまた吸い上げる。これを何度か繰り返せば、きれいに落ちる。ただし、洗濯用洗剤に漂白剤が混じっているものは色落ちの可能性があるので注意が必要だ。

★樹脂製の椅子の手入れは酢水で

樹脂製の椅子の汚れを取るには、雑巾がけだけでも取れることは多いが、酢一対水二の酢水を作ってスプレーして拭き取ろう。

さらに頑固な汚れがついてしまったときは、湿らせた布に重曹小さじ一杯を振りかけて汚れた部分をこすると、きれいになる。仕上げには、水拭きを。

部屋の補修のコツ

★畳がへこんでしまったらドライヤー

家具を動かして和室のレイアウトを変えると、畳のへこみ跡が出てしまう。

これを直すには、へこみ部分を霧吹きで湿らせ、ドライヤーを畳から一五センチくらい離して温風で乾かす。ただし、へこみが深くてなかなか取れないようなら、スチームアイロンにバトンタッチ。湿らせたへこみに乾いた布を乗せ、スチームアイロンをかけるのだ。何度か繰り返していると、きれいにへこみは取れる。

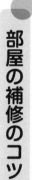

★カーペットがへこんだら柔軟剤

同じように、カーペットにへこみができたときは、古歯ブラシに柔軟剤をつけて、へこみ部分をこすってみよう。その上に乾いた布を乗せ、スチームアイロンをかけると、へこみは元どおりになる。

★壁紙がめくれたらアイロン

壁に物をぶつけて破れたり、部屋が乾燥して端がめくれてきた壁紙は接着剤をつければいいのだが、めくれグセがついてしまっていると、なかなかくっつかない。

そこで、ここでもアイロンだ。乾いた薄手のタオルを当てて、温度を「弱」にしたアイロンを上からかけるだけ。接着剤が早く乾くので、めくれにくくなる。

★壁の釘穴を隠すにはティッシュペーパー

壁には、写真をピンでとめたり、時計をかけたりしたいが、それをはずすと小さな穴でもかなり目立つ。しかし、クロス張りの壁なら大丈夫。

木工用ボンドや市販の充填剤を用意し、穴に液剤を送り込むだけ。ほとんど目立たなくなる。木工用ボンドや充填剤はほとんどが白いので、壁に色がある場合は、水彩絵の具を混ぜるといい。

そして、もっと簡単にできる方法がある。壁が白のときに限るが、ティッシュペーパーをちぎって、キリなどでそっと穴に押し込むのだ。これでも、ほとんど穴の存在がわからなくなる。充填剤を購入する前に試してみてほしい。

★網戸の小さな穴はマニキュアで

網戸も細かい穴があきやすい。そんなときは透明なマニキュアを塗ればＯＫ。塗って乾いたらまた塗る、と何度も重ね塗りすれば、穴は完全にふさがれる。

寝具を清潔に保つコツ

★綿でも、干した布団は叩かない

干した布団を取り込むとき、パンパンと叩くのは当たり前の光景のように思えるが、これが、中に木綿の綿を使っている布団の場合はNG。

ホコリをはたいているように見えて、実際には繊維をつぶして傷めているのだ。そうなると弾力性がなくなり、保湿力も失われてしまう。ホコリを取るためには叩かなくても、布で表面をから拭きするだけで十分なのだ。

★ダニの被害を減らすために掃除機をかける

布団叩きがNGの理由として、もっと重要なことがある。それはダニ対策である。

私たちが毎日寝ている布団はダニの温床だが、ダニ・アレルギーの原因になるのは、生きているダニではなく、ダニの死がいやフンに含まれるたんぱく質。つまり、布団を叩くとダニの死がいが砕け、布団の表面近くに出てきてしまうのだ。ということは、人間の体に吸収されやすくなるということ。

そこで、布団を干して乾燥させるだけではダニ退治は十分ではない。さらに掃除機をかけることをおすすめする。これで、かなりダニの威力を弱めることができるのだ。

敷き布団と掛け布団の両方を、片面四〇秒くらいずつ。週一回のペースでかけると、アレルギー症状がかなり改善したという研究結果もある。

布団専用のノズルも市販されているので、これはぜひ、やってほしい。そして、布団だけでなく枕もいっしょに干して、掃除機をかけよう。

★布団を干すときは、黒い布をかける

布団を干すのに理想的な時間帯は、午前一〇時から午後二時のあいだ。しかし、この時間はもっとも紫外線が強いので、生地を日焼けさせてしまう。そこで、通気性のある黒い

もので全体を覆うといい。

そうすれば日焼けさせないだけでなく、熱がこもって、より高温で干せるというわけだ。ただし、通気性がないとむれてしまってダニ退治ができなくなるので、黒い綿のシーツか、黒いビニールに穴を開けてかぶせるのがいいだろう。

★雨の日に布団を乾かすワザ

布団は週に一回は干したいところだが、休日が雨のこともあるし、仕事をしている人にとっては難しい。そんなときは、電気毛布をお日様の代わりにする。布団を広げ、その上に電気毛布を重ねて電源を入れる。これだけでも、布団の湿気はけっこう取れるものだ。

では、湿気を吸い取った電気毛布の湿気はどうやって取るか。洗えるタイプのものは丸洗いすればいいが、洗えないタイプのものはときどき陰干しをしよう。

★ベッドマットは缶で風通し

和布団なら敷き布団も干せるが、ベッドのマットレスとなるとそう簡単にはいかない。ベランダなどに立てて陰干しする方法もあるが、重くて大変。でも、マットレスも湿気はたっぷり含んでいるのだから、乾燥させないと不衛生になる。そこで、干すのが難しくても、風通しをしておけばかなり違う。

では、その風通しはどうやるのか。天気の良い日に窓を大きく開け、マットレスの下に大きめの缶を入れるのだ。クッキーやせんべいが入っていた大きめの缶が適当だ。ベッドの土台から片方を浮かせるだけでも空気が通り、湿気が抜けやすくなる。

同時に、ダニ退治のためにマットレスにも掃除機もかけておこう。

部屋の気になる臭いを取るコツ

★まず、臭いのもとを確定し、断ち切る

家の中には、その家庭独特の「においい」があるものだ。それが「匂い」ならいいのだが、「臭い」だと問題である。臭いのもとは場所によってさまざまだが、原因はだいたい次の三つに分類されるので、基本ラインを押さえておこう。

＊エアコンや排水口など、カビやバクテリアの臭い……湿気を取り、風通しをよくし、こまめに掃除して、カビやバクテリアが繁殖しないようにする。

＊タバコなど、化学物質の臭い……臭いがつく前に煙などを追い出す。窓を全開にできないなら、空気清浄機を使う。風量は「強」にし、タバコなら吸い終わってからも一時間以上は運転させていることが必要。

＊料理の残り臭など、そのものの臭い……鍋でお茶がらや柑橘系の果物の皮を一〇分くらい煮立てて、良い香りで臭みを消す。

★臭い分子を拭き取る

たいてい家の中の臭いは、料理や生ゴミなど、湿気とともに発生する。料理が終わってからもしばらくは換気扇をつけておく、生ゴミは袋に入れて固くしばり、早めに捨てるなど、処理を手早くすることはもちろんだが、それでも壁や家具に臭いはついてしまう。

その「つく」のは「臭い分子」というもの。これはついただけでは臭わないのだが、空中に浮遊すると臭うのである。また、木や布製のものなど、表面がデコボコしているものに臭い分子がつくとはがれにくいが、ガラスやプラスチックなど表面がなめらかなものには、いったんついてもまた離れて空中に浮遊する。これが臭いのもとになるのだ。

そこで、部屋の臭いが気になったときは、まず表面がなめらかな家具や壁を水拭きしてみることをおすすめする。油汚れなどがある場合は、中性洗剤を加えて拭くといい。

★自家製芳香剤で「臭い」を「匂い」に変えるにはこんな方法がある

＊フライパンでお茶がらを焼く……料理をしているとき、どんなに強力に換気扇を回しても、臭いは完全には抜けずに残ってしまう。そんなときは、料理のあとにフライパンでお茶がらを焼くといい。あたりにお茶の香りが立ちこめて、消臭剤よりも効き目がある。

＊果物の皮を鍋で煮る……魚を焼いたり揚げ物をしたあと、部屋の臭いが気になるとき、レモンやミカン、グレープフルーツなどの皮を薄くむき、鍋でグツグツ煮てみよう。柑橘系の良い香りが充満してくる。また、レンジで網焼きにしても同じ効果がある。

＊コーヒーのカスを置いておく……ドリップ式のコーヒーを飲んだあと、カスを電子レンジで約一分加熱すると、コーヒーの香りのする消臭剤が完成。びんやカップに入れて部屋に置いておくと、いやな臭いを取ってくれる。部屋の消臭だけでなく、よく乾燥させてから布袋に入れれば、冷蔵庫や戸棚、下駄箱の脱臭剤にもなるし、灰皿に敷きつめてもいい。

★タバコ臭はぬれたバスタオルで臭いを取る

タバコの臭いが部屋にこもったら、濡れたバスタオルを用意。窓を大きく開けて換気し、ぬれたバスタオルを大きく何度も振る。そうすると、臭い分子がバスタオルに吸着して臭いが消えるのだ。

また、消臭スプレーをまくのもいいが、早く効かせるためには、エアコンや空気清浄機のフィルターにも吹きかければ、部屋全体に香りが広がる。

★酢をボウルに入れて置いておくだけで消臭剤に

部屋の臭いが気になるとき、消臭スプレーを買わなくても、もっと手近なもので消臭できる。

それは酢。ボウルに酢を入れて部屋の隅に置いておくだけで、数時間後には簡単にいやな臭いが消えるのだ。かといって、部屋の中が酢臭くなることはない。酢のパワーは強力だ。

★カーペットやマットの臭いは重曹で取る

いやな臭いは、ほとんどが酸性なので、それを中和するにはアルカリ性のものが必要になる。そこで、重曹の登場だ。重曹には殺菌効果もあるし、湿気を吸収する効果もある。

カーペットやマットにこびりついた臭いを取るには、重曹を粉のまま振りかけ、三〇分くらいおいておこう。そのあと掃除機で吸い取れば、ドライクリーニングしたのと同じことになり、手触りサラサラ、臭いもスッキリ！

★窓のない部屋の臭い取りにも重曹

トイレなど、窓がないところにこもった臭いにも重曹が効く。

小さなグラスに粉のまま少量入れて置いておくだけでも効果があるので、芳香剤が苦手な人は無臭の重曹を試してみてほしい。

★置き炭をする

炭の除湿・消臭効果はよく知られている。炭には細かい穴がたくさんあいているので湿気や臭いを吸収し、部屋の空気をさわやかにしてくれる。

芳香剤を置くかわりに、炭をカゴに入れて部屋の隅に置いておくといいだろう。見た目の良い入れ物にすれば、オシャレなインテリアにもなる。

★気になるペットの臭いを取るコツ

ペットの臭いは飼い主はあまり気にならないかもしれないが、訪問客は不快に感じることもある。その臭いのもとは、ペット自体以外に、餌の皿やトイレなどの雑菌によることが多い。そこで、ペットがふだん使う皿やトイレ、または寝る場所などは清潔に保つことが第一。

皿は食事が終わったら洗い、トイレシートは使ったあとにすぐ取り替え、敷物はこまめに洗濯する。さらに定期的にお風呂に入れるか体を拭くなど、当たり前のケアがもっとも大事になる。

いずれにしても芳香剤などは一時しのぎにすぎず、根本の解決にはならない。とにかくペットと、ペットがいる周辺を清潔にすることだ。

★ペットの排泄物の臭いを取るには酢水

体を拭くときに一緒に股も拭いてやるといいのだが、それでもフンや尿のアンモニア臭が気になるときは、酢で中和するといい。酢と水を混ぜた酢水を作り、臭うあたりにスプレーする。

粗相をしたときも、最後に酢水をスプレーすると臭いが消える。酢の臭いは乾けば消えるので、酢臭くなることはない。

★ペット臭を消すものを置く

次の段階として、炭など、湿気と臭いを取るものを置いておく。さらにお金はかかるが、空気清浄機よりも格段に効きめの強い脱臭機を置くと、ほとんど臭わなくなる。

ちなみに炭だが、臭いや湿気をため込むと逆に放出しはじめるので、臭いの取れが悪くなったと思ったら、風通しの良い場所に一日置いておこう。効果が復活するので、繰り返し使える。

虫を退治するコツ

ダニ

★ダニの好きな場所を点検

ダニの死がいやフンでアレルギーを起こしやすいのは前述のとおり。そのダニが好きな環境とは、高温多湿、温度が二五～三〇度で、湿度が六〇～八〇％ある場所といわれている。そこにホコリやカビなどがあると、ダニの栄養になってさらに繁殖する。

そこで、やってはいけないことを挙げておくので、家の中を点検してみよう。

- 畳の上にカーペットを敷く。
- タンスの下にシートを敷く。
- カーテンを床にひきずるほど長くする。
- 布団を干さないままにする。

・古新聞を山積みにしてためておく。
・電気カーペットにカバーをかける、等。

★部屋の湿度を六〇％以下に保つ

「なんだか、かゆい」というとき、梅雨時だったり部屋がカーペット敷きだったりしたら、ダニを疑って間違いないだろう。そんなときは、先述の「乾燥＋掃除機がけ」の前に部屋の換気と除湿が重要。エアコンの除湿などを利用して湿度を六〇％以下に保つようにしよう。

そうすると、ダニの繁殖が防げるので、そのあとで「乾燥＋掃除機がけ」をして退治に取りかかる。絶滅させるのは無理なので、とにかく増やさないことだ。

★畳の上に敷物を敷くのは絶対に×

畳の部屋にカーペットやビニールシートを敷いている家庭があるが、これはやめたほうがいい。というのも、畳の通気性が失われ、畳自体が傷むのはもちろんだが、それよりも恐いことがある。保温力が高くなるので、畳の中がダニの温床になるうえ、カビもできやすくなるのだ。畳の部屋は、畳のままで。

★掃除機で、徹底的にダニ退治

ダニの退治法の筆頭は、掃除機で吸い取ること。掃除機のパワーは「強」にして、しっこくかけることが肝心だ。一㎡あたり五分くらいと、徹底的にかける。

また、吸い取ったダニの死がいを部屋にふたたびまき散らさないことも大事。そこで、掃除機の排気口を必ず屋外に向けること。

また、ダニ掃除が終わっても、すぐに窓を閉めず、一時間くらいは換気して、空気中のダニの死がいを完全に外に追い出すようにしよう。

ゴキブリ

★「清潔第一」を徹底することでシャットアウト

水が一滴あれば二週間以上生きるといわれるゴキブリ。食べないものはないくらい、なんでも栄養にし、とにかくしぶとい害虫だ。

このゴキブリをなるべく遠ざけるために、気をつけるポイントを挙げておこう。

- 窓は開け放さず、排水口、換気扇、エアコンの排気口など、侵入経路を徹底的に掃除する。
- 生ゴミは捨てるまで密閉し、食べ残しや飲料の缶や食器を放置せず、ペットの餌は片付けるなど、餌になるものを置いておかない。
- キッチン、浴室は換気と乾燥をひんぱんに行う。
- キッチンは、使い終わったら水気を拭き取っておく。
- 段ボールを放置したり、壁と家具の間に一センチくらいの隙間を設けるなど、巣になる場所を作らない。

- ジャガイモやタマネギなど、常温保存野菜を長く置いておかない。
- ダニもゴキブリの餌になるので、ダニを繁殖させない。

とにかく清潔さを心がけるだけで、ゴキブリにとっては住みづらい環境になる。そのことを肝に銘じて、換気・乾燥・清掃を心がけよう。

★ゴキブリの苦手なものを置く

ホウ酸だんごなど、昔から行われているゴキブリ撃退法はあるが、もっと手軽に、苦手なものを置いて近寄らせないワザがある。

それはハーブや木の香り。そこで、ミントやスギ、ヒバなどの香りのするものを、ゴキブリの好みそうな戸棚の中や引き出しに入れておくといい。近寄ってこなくなるし、薬品ではないので手間もかからず安心だ。

ハエ・コバエ

★網戸に酢水をスプレーする

酢には抗菌・消毒作用があるのはよく知られているが、それを利用して家の中にハエを入りにくくするワザがある。網戸全体にまんべんなく酢水をスプレーするのだ。酢水は、酢一対水二の割合にする。

網戸の部屋側に新聞紙をテープで張り、外側からスプレーするとやりやすい。酢なら、人間がさわっても無害なので安心だ。

★コバエが撃沈する「めんつゆ」ワザ

キッチンや水まわりをいくらきれいにしているつもりでも、風呂場やトイレ、リビングなどにコバエが出ることがある。殺虫剤を使えば簡単だが、同じ空気を吸うことを考えると、部屋の中でひんぱんにシュ～ッと吹きかけるのには抵抗がある。

そこで、裏ワザをひとつ紹介。「めんつゆ」で仕掛けを作るのだ。そうめんをつける、あのめんつゆだ。水で薄めためんつゆを平たい容器に入れ、そこに洗剤を数滴たらして置いておく。すると、集まってきたコバエがその中に浮いて死んでいる、というもの。

めんつゆのにおいに誘われてコバエが集まってくるが、洗剤に含まれている界面活性剤がコバエの体にある気孔をふさいでしまうので、窒息死するらしい。

蚊

★蚊は寝込みを襲えば退治は簡単

プ～ンという音が気になって眠れなくなることがある。気密性の高い部屋でも、蚊はどこからか入ってくる。そして、じつは昼間も部屋の中にいるのだが、昼間は寝ている。そこで、蚊の寝込みを襲うのだ。ちなみに、蚊を襲撃する時間帯は午前中から午後二時くらいまでがいいとされている。

蚊は天井や壁の高いところ、カーテンや家具の裏などにひそんでいる。昼間休んでいるときの蚊は動きが鈍いので、そこに殺虫剤をひと吹きする。この方法だと少量の殺虫剤ですむので、人にも安心だ。

★蚊に刺されないためには黒い色を着ない

おもしろい実験結果がある。白、黄、赤、黒の服を着せた人形を用意し、蚊がどの人形に止まるかを調べたものだ。

結果は、白、黄色、赤い服に止まった蚊は少なかったが、黒はその五～六倍だったという。寝るとき、黒いパジャマは着ないほうがよさそうだ。

また、汗をかいたときのほうが刺されやすいという報告もあるので、汗はマメに拭き取ったほうがいい。

カビ・花粉撃退のコツ

カビ

★三日に一度、水まわりをから拭きする

カビは水まわりにできやすいといっても、とくに浴室が危険。放っておくと、タイルなどのすき間に入り込んでしまい、落とすことができなくなる。

ある実験によれば、カビは胞子をつけてから三日以内なら拭き取るだけで落ちるが、四日目からは取れにくくなるそうだ。つまり、三日に一度はチェックして、水分を完全になくさなくてはならないわけだ。

とはいっても、ぬれているときに拭くのは大変なので、入浴したあとで二～三時間くらい換気をし、次の日の昼間に水気が残っている部分だけをから拭きするといい。

★カビの胞子を取り除くためにアルコールで除菌

浴室の壁やドアとのすき間のゴムの部分をいくらから拭きしても、カビはしぶとく姿を現す。

じつは、カビの胞子の住処は天井が多い。湿ったと思うと乾く、床や壁の環境に危機感を覚えたカビが、場所を変えて懸命に胞子を作ろうとするからだ。

そこで、床を掃除するワイパーなどに、消毒用アルコールを含ませたペーパーをつけて天井を拭こう。このように除菌すれば、一カ月くらいは繁殖率を下げられるという実験結果もある。

ただし、浴室の天井の材質によってはアルコールを使用しないほうがいい場合があるので、注意が必要だ。

花粉

★屋外から花粉を持ち込ませない！

春の到来を喜べないのは、花粉症の人。外にいるより家の中でのほうが症状がひどい場合が多いが、それは外から持ち帰った花粉を狭い家の中で舞い上がらせ、思いきり吸い込むせいだ。

窓を開け放って家の中に入ってくる花粉の量よりも、外から持ち帰った花粉の量のほうが多い。上着や持ち物は玄関に入る前に払う、ということはすでに常識だが、次に、花粉が飛び交う約三カ月間の家事対策を列挙するので、心がけたい。

・洗濯ものは外に干さない

電気代がかかってしまうが、この時期だけと割り切って、洗濯乾燥機、浴室乾燥機、除湿器、エアコン、扇風機など、使えるものはなんでも使って部屋の中で乾かす。

・布団を外に干さない

かといって、布団は乾燥を保たないとダニの温床になる。そこで、布団乾燥機はもちろん、陽当たりの良い部屋や電気毛布や床暖房、コタツなどを活用して布団を干す。

・加湿器をかけ、空中の花粉を舞わせない

湿度が高すぎるのは洗濯ものや布団の部屋干しには適さないが、加湿器を使って部屋の湿度を五〇～六〇％にする。空中に舞う花粉を下に落としてから、拭き取るのだ。

・掃除のときハタキはかけず、拭き掃除をメインにする

掃除機をかけるときは、同時に空気清浄機も「強」で作動させ、排出口から空中にふたたび花粉が逃げないようにする。拭き掃除に使う雑巾は、ひんぱんに洗うこと。使い捨てのウエットシートでもいい。

・窓を開けた換気は、花粉の飛ばない深夜か早朝にする

いくら花粉時期でも、まったく窓を開けないのは考えられないし、換気しないでいると不健康になる。そこで重要なのが窓を開ける時間帯。もっとも適切なのは、夜露で花粉が地面に落ちた深夜か、舞う前の早朝だ。それでも、風の強い日はやめておこう。

防音対策のコツ

★どこからが騒音？

ふつうの住宅地で望ましいとされる音の基準は日中で五五デシベル以下、夜間で四五デシベル以下だそうだ。うるさいと感じる音がどれくらいかを知るために、次の目安を参考にしてほしい。

＊木々の葉ずれの音……二〇デシベル
＊クーラーの吹き出し音……四〇デシベル
＊子どもが駆けまわる音……五〇〜七〇デシベル
＊ふつうの話し声……六〇デシベル
＊掃除機をかける音……六〇〜八〇デシベル
＊ステレオ、ピアノの音、電話のベル音……八〇〜九〇デシベル
＊犬の鳴き声、カラオケ……九〇〜一〇〇デシベル

＊電車のガード下、自動車のクラクション……一一〇デシベル

★「空気音」と「固体音」の両方の対策を立てる

マンションやアパートなどの集合住宅に住んでいると、ドアの開閉音や物を動かす音など、階上の音が気になるものだ。ということは、自分も階下に住んでいる人に同じように思われているかもしれない。自分が気になることは、最低限、自分でも注意するようにすると間違いがないだろう。

生活騒音には二種類ある。ひとつは「空気音」で、テレビやオーディオなど、空気を通して伝わる音。もうひとつは「固体音」で、物を落としたりドアを乱暴に閉めるなど、物と物がぶつかったときに出る音だ。この二種類の違いを知って、対策を考えてみよう。

★「空気音」のもれを軽減するコツ

空気を通して伝わる音は、あいだに厚い壁があるとけっこうさえぎられるため、オーデ

ィオやテレビなどを大きめの音でつけていても、近所からは騒音と思われていないことも多い。ただし、窓のような薄い部分からはもれてしまうので、窓のすき間にパッキンを詰めるのも一手だ。

壁際に置くことの多いオーディオやテレビ、またピアノなどは、壁とのあいだを少しあけ、壁に吸音材を貼るといい。もしくは、厚さが二センチ以上ある断熱材をうしろ側や窓枠に立てかけておいてもいい。これだけで、音もれはかなり軽減できる。

また、壁の向こうだけでなく、床をとおして階下にも響くため、スピーカーの下には防振ゴムをはさむか、柔らかいクッションになるものを敷くといっそう効果的だ。

★「固体音」を軽減させるコツ

物を落とす音だけではなく、子どもが部屋の中で駆けまわる音や椅子を引きずる音も固体音だ。これらは音量が同じくらいでも、空気音よりもうるさく感じる。固体音はコンクリートなどの堅いものを伝わって振動が下によく伝わるためだ。そこで、振動を抑えることで、音の伝わりを軽減することができる。

そのためには、コルクマットやゴム製のシート、厚手の防音・吸音カーペットなど、クッション性の高い敷物を敷くのが効果的。また、ドアやふすまに衝撃吸収テープを貼ったり、椅子の脚に防音用フェルトを貼るのもいいだろう。

地震対策のコツ

★家具転倒防止のコツ

家庭で地震対策をとっているという人のうち、もっとも多いのが水や食料の備蓄、懐中電灯などの準備といったもので、意外にも、家具の転倒防止をしている人は多くはないという。

揺れが収まってから必要なものも重要だが、その前に、家具の下敷きにならないようにすることがもっと大事だ。わかってはいるけれど……と言っていては間に合わなくなる可能性もあるので、家の中の危険なポイントをチェックして、市販の耐震グッズで早速、対策をとりたい。

一般的に売られている家具固定グッズを使うだけでも、効果はバツグンなのだ。

★背の高い家具は「突っ張り型」

本棚やタンス、冷蔵庫など、背の高い家具は天井とのあいだに突っ張り型のグッズを入れる。天井と家具が接する面がなるべく広いものを選び、壁側に垂直に設置する。そのとき、しっかり固定するために天井の梁を探して、ちょうどそこに当たるようにしよう。

ほかにも金具やチェーンで支えるタイプのものもあるので、ホームセンターなどで見てみることをおすすめする。

★背の低い家具はL字型金具で

背の低い家具は、L字型金具で家具と壁を固定する。このときも、壁の中を通っている柱を探して、その部分に留めることが重要。

そのほかに、家具の底と床のあいだにはさみ込む、前倒れ防止ストッパーなどもある。

これは、設置後に家具を壁側に傾けさせることがコツ。

★家電は、まずは粘着マットで

テレビ、パソコン、オーディオなどは、底面にクッション性の高い耐震用粘着マットなどを貼り、ラックなどに固定する。大型の液晶テレビなどは、背面にある固定用の穴で壁面に固定したり、テレビ台とラックなどをベルトや木ネジで固定するといい。

★ガラスの飛散を防ぐ

食器棚などは、まず扉が開かないようストッパーで扉を固定する。

そして、ガラス対策だ。食器棚にはめ込まれたガラスは薄く、中の食器がガラスを突き破って出てくる可能性があるため、飛散防止用フィルムを貼っておくと安心。

同様に、窓やベランダのガラス戸などにもフィルムを貼っておこう。

第6章

家電を上手に使いこなす裏ワザ

節電・節水のコツ

★これだけは知っておきたい、基本の節電ワザ

家庭でできる基本的な節電対策を知っておこう。

＊エアコン……設定温度は、夏は二八度、冬は二〇度を目安とする。設定温度を二度上げるだけで、約一〇%の省エネとなる。

＊冷蔵庫……設定を「強」から「中」に変え、扉を開ける時間をできるだけ減らす。食品を詰め込まない。

＊テレビ……省エネモードに設定し、画面の輝度を下げて、必要なとき以外は消しておく。標準モードから省エネモードに設定して、使用時間を三分の二に減らすと、約二%の節電に。

＊待機電力……リモコンではなく、本体の主電源をオフにして待機電力を減らす。長時間使わない家電は、コンセントからプラグを抜いておく。いちいちプラグを抜き差ししな

くてもすむ、オン・オフのスイッチ付きタップを利用すると便利。節電効果は約二％。

＊照明……日中は不要な照明を消し、夜間も使わない場所の照明を消す。

＊トイレ……温水洗浄便座のプラグを抜く。節電効果は約一％。

★省エネ・遮光フィルムを窓に貼る

いくら節電といっても、エアコンを使わずに熱中症になっても困る。エアコンの温度を高めに設定しつつ、さらに冷房効率をアップするワザを併用しよう。

夏場の省エネ効果に威力を発揮する、窓用遮光フィルムだ。これを使うと、エアコンの夏の設定温度を二度あげられるといわれる。

窓に貼るだけで、太陽エネルギーを最大七六％も遮断し、しかも体に有害な紫外線はほぼ完璧（九九％以上）にカット。家具や床の日焼けを防ぐ効果もある。

透明なフィルムなので、部屋が暗くなることもない。おまけに、ガラスの飛散防止効果もあるので、大きな地震が起きたときのガラスによる二次被害も防げる。

掃除機を使いこなすコツ

★スイッチは一回で！

家電製品に共通していることだが、家電は電源を入れたときに非常に電力を消費する。掃除機も、スイッチを押した瞬間に電気代がアップするわけだ。

オン・オフを繰り返せば、それだけ電気代がかかる。だから、ムダな電力を使わないようにするには、掃除機をかける前に部屋を片付けておくのが鉄則。一回スイッチを入れたら、部屋中の掃除が終わるまでオフにしないくらいのつもりで、要領よく手早く掃除を終わらせよう。

★吸引調節のつまみを「強」から「弱」にして節約

カーペットに掃除機をかけるとき、吸引力を目一杯強くしている人が多いが、スイッチを入れるときと同じく、モーターに負担をかけるときに消費電力が大きくなる。強度を調節するスイッチがある場合は、「強」から「弱」にして節電しよう。

ホコリの吸引力が落ちるのでは？　と思いがちだが、「強」から「弱」に変えても、じつは吸引力にさほどの違いは出ないのだ。

細かいことだが、これも電気の浪費を防ぐ節約ワザのひとつだ。

★フィルターをきれいにしてから掃除機をかける

掃除機のフィルターがつまったりゴミがたまっていると、モーターもフル回転しなければいけない。それだけに電気代はハネ上がるし、吸引力もガクンと落ちる。掃除機をかける前に、必ずゴミを捨てること。

フィルターのゴミパックはマメに交換して、定期的な手入れを心がけよう。

★掃除機はカニ歩きでかける

毎日の掃除は、効率よくしたいもの。手際よく掃除機を上手にかけるワザがある。

それは、部屋の中央から端へ、端から中央へと向かって〝カニ歩き〟をするのだ。まず部屋の半分を、中央から端へ中央から端へと、手前から奥に向かって横歩きをしながら掃除機をかけていく。

壁に突き当たったら体を反転させて、もう半分のスペースを、今度は逆に奥から手前に向かって横歩きしながら、再び中央から端へ中央から端へとかけていくのだ。この方法なら、ムダな動きをせずに部屋全体に掃除機をかけられる。

ただし、和室で掃除機をかけるときは、畳の目に沿ってかけるのが原則だ。

冷蔵庫の節電効果を上げる裏ワザ

★食品を分類してから、冷蔵庫を開ける

買い物をしたあと、ビニール袋の中から直接、食品を詰め込んだりしがちだが、冷蔵庫を開けている時間をできるだけ少なくするために、詰め込む前にひと手間かけよう。

冷蔵室、冷凍室など、食品をどこに入れるのか分類してから、冷蔵庫を開けるのだ。ちょっとしたひと工夫でも、年間を通してみれば、大きな節電効果につながる。

★熱いものは冷ましてから入れる

麦茶やカレーなど、熱いうちに冷蔵庫に入れると、庫内の温度が上がってしまう。設定温度まで下げようとして、電気を余計に消費してしまうからだ。

室温程度に冷ましてから冷蔵庫に入れるようにしよう。

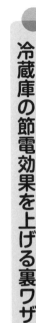

★壁から離して放熱させる

冷蔵庫は、一度設置すると、なかなか動かす機会がない。だから、最初が肝心。冷蔵庫を壁にぴったりくっつけてしまうと、放熱ができなくなって、消費電力が上がってしまう。冷蔵庫の左右、うしろの部分も周囲の壁に接することなく、少し空間を開けて風通しがよくなるように設置しておくと、電気のムダづかいが防げる。

冷蔵庫を上手に使いこなす仰天ワザ

★ふだんの手入れ

食品庫でもある冷蔵庫は、ふだんから清潔を保ちたいもの。でも、毎日使うものだから、庫内はもちろん、取っ手やパッキンも手アカで汚れがちだ。掃除をしておくだけで、冷房効率もアップするから電気代もおトク。

簡単なお手入れ法を紹介しておこう。

＊外側……汚れがひどくないときは、ぬるま湯で拭くだけで十分。取っ手やパッキンの汚れや黒ずみがひどいときは、薄めた食器用洗剤に柔らかい布を浸してかたく絞ってから、外装を拭く。使い古しの歯ブラシも効果的だ。洗剤が残っているとプラスチック部分が割れやすくなるので、必ず水拭き、から拭きをすること。

＊自動製氷機……水アカや雑菌が発生しやすい場所。給水タンクを分解して、水かぬるま湯で洗おう。消毒しようとして熱湯をかけるのは、逆効果。プラスチック部分の変形や割れなどの原因になる。

＊内装……シンク内に大判のゴミ袋を用意してぬるま湯を溜め、少量の食品用洗剤を入れる。庫内の外せるパーツを全部外して浸け置き、丸洗いする。そのあいだに、ぬるま湯で絞ったふきんで庫内を拭く。それでも落ちない汚れがこびりついている場合は、薄めた食器用洗剤に浸してから拭くと、取れやすい。から拭きも忘れずに！

★新聞紙と酢でカビを防ぐ

いろいろな食品が入るので、じつは冷蔵庫の中は雑菌も入りやすい。雑菌の繁殖を防ぐには、新聞紙が役に立つ。床だけでなく、ドアポケットなど細かいところにも敷いておけば、液だれなどで汚れてもサッと取り替えればいいだけ。臭いや余分な湿気も吸い取ってくれる。

また、送風口の近くに、酢を水で二分の一に割ったものをコップに入れておく。気化した酢の殺菌成分の働きで、カビなどの雑菌の繁殖を防ぐ効果がある。

★食品保存のコツ① 所を選ぶ

冷蔵庫は食品保存庫として最適だが、なんでもかんでも詰め込みすぎてはダメ。冷気がスムーズに流れるように、少し隙間ができるくらいに物を置くのが、上手な使い方だ。

手が届きにくい上段は、長期のストック場所として心得るべし。未開封のビンや缶類などを置いておこう。

水気の多い食品は、冷気の吹出し口付近や小物ケース内に置かないこと。この場所は温度が低くなることがあり、凍りやすくなってしまうのだ。

また、食品を詰め込みすぎて吹出し口まで塞いでしまうと、冷気の循環が妨げられて冷えが悪くなる。このような食品の詰め込み過ぎも避けたい。

冷蔵庫の吹出し口の位置は、各メーカーの機種によっても異なるため、取扱説明書でしっかり確認しておこう。

★食品保存のコツ② 野菜をパリッとさせるチルドケース

チルドケースは、一般の冷蔵保存より熟成や発酵を遅らせるので、鮮度を長持ちさせたい生鮮食品・発酵食品・練り製品・乳製品などの保存に適している。逆に、水分が多い食品は、凍ることがあるので不向きだ。

また、サラダ用の野菜をパリっとさせたいときに氷水を使うことがあるが、こんなときはチルドケースに入れて冷やしたほうがいい。水気と触れないためにビタミンCも逃げにくい。

通常は、野菜やくだものは入れないが、完熟トマトだけは別。むしろ、チルドケースに入れたほうが熟成を遅らせることができるため、長持ちする。

★炭を入れて脱臭、雑菌を防ぐ

冷蔵庫にはいろいろな食品が入るので、臭いが混じり合うこともある。炭を通気性のよい布に包んで入れておくと、臭いを吸収し、雑菌を吸着する効果がある。

また、炭にはエチレンガスを吸収する働きがあるので、野菜室に入れておくと、葉もの野菜がしゃっきり長持ち。

一～二週間に一度、炭を煮沸消毒して乾かせば、何度でも繰り返し使えるのもうれしい。

洗濯機を使いこなすワザ

★洗濯槽裏の黒カビは酢で撃退

洗濯槽の裏側には、溶け残った洗剤カスや洗濯ものについていた汚れなどさまざまなカスがこびりついている。全自動洗濯機は洗濯槽が二重になっていて湿気が強い場所なので、そうした汚れカスが黒カビとなって出やすい場所。定期的な掃除が鉄則だ。

市販の洗濯槽クリーナーや液体の酸素系漂白剤でも効き目がある。さらにお手軽なのは、酢の殺菌効果。

お風呂の残り湯を洗濯槽に入れて洗濯機の最高位まで水を溜めたら、酢一カップを加えて、標準洗いコースを一度回せば、洗濯槽裏の汚れもスッキリ！

また、脱水が終わったらすぐに洗濯ものを出し、フタを開けて洗濯槽の内部を乾かすように心がけることも、カビ予防の基本だ。

★洗濯機の下は、針金ハンガーにタオルをまいてホコリ取り

毎日、掃除をしていても、意外と見逃している場所が洗濯機の下。一週間に一度は、しっかりと掃除をしたいものだ。

手が届きにくい場所だが、針金ハンガーを使った手づくりグッズを使えばきれいにホコリが取れる。針金ハンガーの底辺部分を中心に縦に引っぱり、使い古しのタオルを巻きつけるだけ。二度拭きの住居用洗剤に浸して、洗濯機の下をさっとひと掃きすれば、奥のほうまでホコリや汚れが取れる。

★氷水を入れて第二の冷蔵庫に

ホームパーティーや親戚の集まりなどでお客さんが多いとき、冷蔵庫だけでは飲み物の保管場所が足りなくなってしまうことがある。バケツやたらいで冷やす方法もあるが、それでも間に合わないほどの大人数が集まることも。

そんなときに、第二の冷蔵庫として活躍するのが洗濯機だ。水を張ってたくさんの氷を入れておけば、即席冷蔵庫に変身してくれる。

水を入れて凍らせたペットボトルを一緒に放り込んでおけば、急速冷蔵の即席クールボックスになる。

★洗濯機がシュレッダーに早代わり

人に見られたくない手紙や書類の処理に困ったときに役に立つ、洗濯機をシュレッダー代わりにするという、凄ワザだ。

家族にも見られたくない、ゴミにも捨てられないと悩むような紙書類を、ストッキングに入れて、口をしっかり縛る。あとは、自動洗濯機のボタンを押すだけ。汚れを落とすわけじゃないので、機種によって時間を短縮できるスピードコースがあれば、それでも大丈夫。

洗濯機の中で水に濡れて、遠心力で撹拌されたあとの紙は、もはや判別不可能のゴミと化してしまうのだ！

エアコンと扇風機の節電アイデア

★ すだれやカーテンで直射日光を遮る

日当りのいい南向きの部屋は明るくて気持ちいいものだが、真夏は太陽の熱をまともに浴びてしまう。外気の熱を遮るためには、窓の外にすだれやよしずをかけたり、カーテンやブラインドを閉めて、部屋に直射日光が入らないようにする。

これだけで、エアコンの消費電力に差が出る。

★ 室外機を直射日光に当てない

エアコンの室外機が、南向きの日当りのいいベランダや西日の当たる場所にあるときは、直射日光に直接当てない工夫も必要だ。

簡単な屋根を作るなど、日陰にしてやるといい。ただし、排気の風を遮らないようにすることがポイントで、室外機のまわりに植木鉢やゴミ箱などを置いて、吹き出し・吸い込み口を塞ぐとエネルギー効率が悪くなる。

室外機のまわりには何も置かず、風通しをよくすることが大事な省エネワザだ。

★扇風機を壁の上部か天井に当てて節電

エアコンの冷たい空気は下のほう、暖かい空気は上のほうに溜まりがちだ。つまり、人間が活動する空間の空気は、設定温度以上に冷えていたり、温かくなっている可能性があるのだ。

そんなときは、扇風機を活用したい。扇風機の首を左右に振らすのではなく、壁の上部か天井に向けて回す。そうすることで天井付近に溜まっている空気を動かし、部屋の温度を素早く均一にできるからだ。夏はより高く、冬はより低い温度を設定できる。

扇風機の電気代を加味しても、電気代が一〜二割安くなる。

★オフシーズンのメンテナンスで長持ち

冷暖房エアコンの可動期間は長い。しっかりメンテナンスをすることが、長持ちさせる秘訣だ。

オフシーズンになったらまず、エアコンの吹出し口や内部の冷却フィンにたまったホコリやダニを掃除機で吸い取る。ブラシ付きノズルで大きなホコリを吸い取ったら、フィルターを台所用洗剤とスポンジできれいに水洗い。細かい汚れは、古い歯ブラシでこするときれいに取れる。

太陽光で乾かしたフィルターをエアコン内部に戻して、半日ほど送風運転をする。内部が乾燥するので、オフシーズン中のカビ予防に効果がある。

使わないときは、電源プラグを抜いておくと節電効果もバッチリ。

★フィルターの掃除はこまめに

エアコンのフィルターにホコリなどがつまると、冷暖房能力が低下して、効率ダウンに。二週間に一度の割合で、こまめに掃除をすることが節電への近道だ。

フィルター自動清浄機能が付いているエアコンも販売されている。自動的にフィルターをきれいにしてホコリを集め、中には集めたホコリを自動的に室外に排出する機能付きも。高齢者やエアコンの設置場所が高くて掃除がしにくい人にオススメの優れものだが、ホコリや油汚れが多いリビングやダイニングルームでは、それだけでは足りない。やはり、ときどきはフィルターを取り外して、マメな掃除を心がけたい。

★扇風機のお手入れ掃除

まず、電源プラグを抜いて、ガードカバーや羽根などを本体から外してから掃除する。ガードや羽根などのプラスチック製の部分は、台所用洗剤で丸洗いする。洗ったあとは、水気をよく拭き取り、十分に乾燥させる。羽根にたまったホコリは、一気に拭くと傷がつくこともあるので、住居用洗剤を含ませた柔らかい布で拭いてから洗う。

本体の汚れも住居用洗剤を含ませた布でしっかり落とす。ネジのあいだや細かい部分の黒ずみや汚れは古い歯ブラシなどを使ってこすり落とす。

モーター部分はから拭き。本体以外の部分は、住居用洗剤に浸した布を固く絞って拭き、水拭き・から拭きをしたあとはしっかり乾燥させて、ホコリ除けのビニール袋などに入れて保管する。

購入したときの箱に入れて翌シーズンまで保管しておこう。

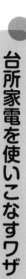

台所家電を使いこなすワザ

★炊飯か保温か、どっちがお得?

炊飯時と保温時の電気代は、どちらが安いか? という話。

たとえば、一日三度の食事をするたびに三回ご飯を炊く場合と、朝一回まとめて炊いて保温した場合は、前者の三回炊いたほうが電気代は安くなる。

保温機能は使わず、電気代が安い朝のうちにまとめて炊いて冷凍保存するのがいちばん賢い節約法だ。

★アツアツの内釜の余熱を利用

ご飯を炊いたあとの内釜は、余熱が残ってまだアツアツだ。残ったご飯を冷凍するなどして、内釜を空にする。そこにぬるま湯を入れ、使い終わった食器を浸け置きしておこう。

内釜の余熱でお湯が冷めにくいため、食器の汚れが落ちやすくなって、洗い物が断然ラクになる。

★電子レンジの余熱で食器乾燥

レンジでチンしたあとの庫内は、熱い余熱が残っている。ターンテーブルの粗熱《あらねつ》がひいたあとに、濡れた食器をサッと入れておけば、余熱が食器の水分を飛ばしてくれる。

朝の慌ただしい出勤前などは、食器を拭く手間がはぶけて時間節約になる。

また食器洗い乾燥機は、少しの食器を洗うたびに使っていたら、洗剤も水も余分に使ってしまう。洗う回数が増えれば、当然、電気代もアップ。ある程度食器をまとめて洗ったほうが省エネ効果も高い。

冬もの家電のお手入れのコツ

★ホットカーペットのダニ退治

冬のあいだ活躍しつづけるホットカーペットのカバーは、ふだんからマメに掃除機をかけて髪の毛やホコリなどを取っておこう。

収納前に、カーペットの表面を内側にして、コントローラー部が一番外側になるように巻き、ヒモで軽く固定する。カーペットの電源を入れて、温度調節部を「強」にセット。通電開始後は、ふとんなどをかけてカーペット全体を保温させる。通電約一時間程度で、ダニ退治は終了する。

電源を切ったあとはカーペットを広げてしっかりと掃除機をかけ、ダニの死骸などをよく吸い取っておくこと。

ただ、カーペットの種類やメーカーによっては手順が違う場合もあるので、必ず取扱説明書を確認しながら行おう。

★マットを敷いてホットカーペットの暖房効率を上げる

フローリングの部屋などでホットカーペットを敷くときは、床とカーペットのあいだにもう一枚！　断熱マットや新聞紙を広げて敷くだけで、暖房効率がアップする。ペコペコする難点を我慢すれば、ダンボールを使うのもワザありだ。

これは、空気の層を作って、床からの冷気を遮断すると同時に、ホットカーペットの熱も逃げにくくなるからだ。

長時間座っているときなどは、ひざ掛けをすれば、低温でも温かくなる。節電効果もバッチリだ。

★石油ファンヒーターは最後まで灯油を使い切る

石油ファンヒーターは、暖かくなったからといって中途半端に灯油を残したりせず、最後まで使い切ってから収納するのが大きなポイントだ。

①シーズンが終わったら、灯油の入ったカートリッジタンクを抜き取り、灯油が残っていないかどうか確認して空にする。少量でも残っていたら新聞紙などで吸い取らせる。

②給油タンクを取り出してゴミを取ったら、油フィルターを取り外してポンプなどで油受皿に残った灯油を別容器に移し替え、やはり新聞紙などで吸い取る。この作業をしっかり行っていないと、翌シーズンの使いはじめにトラブルの原因になることも。

③油フィルターやファンのフィルターは取り外して、ゴミやホコリなどの汚れを取る。汚れがひどいときは、水洗いしてもいい。また、取り扱い説明書に従って、空焚きを行っておくとバーナーが長持ちする。

④吹出し口は柔らかい布でから拭きする。ひどい汚れがこびりついているときは、薄めた台所用洗剤で拭いたあと、水拭き、から拭きで仕上げる。

⑤プラグと電源コードのホコリや汚れを取ったあと、コードは束ねておく。
⑥袋か箱に入れて、乾燥した場所で翌シーズンまで保管しよう。

★ 家電の梱包箱は、捨てない！

家電製品が入っている箱は大きくかさばってしまうため、捨ててしまう人が多いのでは？　でも、ちょっと待って！　本体を支えていた発泡スチロールも含めて、できればそのまま保管しておこう。

オフシーズンに家電製品を収納するとき、この箱があるとないとでは大違い。すっぽり収まるちょうどいい箱は、なかなか見つからないからだ。

場所塞ぎになると思っても、ストーブや扇風機などオフシーズンに保管する家電製品の箱はできるだけ取っておこう。

★ファンヒーターのフィルターはこまめに掃除

石油ファンヒーターは、内部で炎を燃焼させて、ファンで暖かい風を送る仕組みになっている。そのため、どうしても吸入ファンのフィルターがホコリを吸い寄せてしまう。ホコリがたまって十分な排気ができなくなると、燃費が悪いだけでなく、火災の原因にもなりかねない。フィルターはこまめに掃除機をかけることが必要だ。

ただし、掃除をするときは、必ず電源を切ってから行うこと。着火中に掃除機でホコリを吸ったりすると、炎を背面に引火させてしまう可能性がある。掃除をするときは、必ず電源をオフにしてから行うことを忘れずに！

★暖房器具は窓際に置く

マンションなどは気密性が高いとはいえ、冷え込む冬はなかなか温まらないもの。そこで、ひと工夫。窓を背にした位置にストーブやファンヒーターを置いてやればいい。暖房器具を部屋のどこに置くかによって、暖房効率が大きく変わるからだ。

室内の熱の約一割が窓から逃げていくという。ヒーターの熱を部屋の中心部に向けてやれば、温風が上昇気流を作って窓から入る冷気を上へ押しやり、対流現象で部屋全体の空気が早く均一に温まる。

加湿器・除湿器・空気清浄機のお手入れのコツ

★加湿器は、スケールの手入れが長持ちの秘訣

加湿器といっても、その加湿方法は加熱（スチーム）式、気化（ヒーターレスファン）式、加熱＋気化の複合タイプ、超音波式などさまざまだ。

そのうち、最も手入れが重要なのは気化式タイプ。汚れたフィルターに、水道水に含まれるミネラル分の凝固物や水アカ、カビなどのヌメリが溜まってくる。

水道水を加熱して蒸気を発生させる際にできる、カルシウムやシリカなどの残留物をスケールというが、これを放っておくと、石のように固くなって取れにくくなってしまう。

早めに手入れすればするほど取れやすいので、取扱説明書に従って、週二、三度の手入れを心がけたい。

手入れするときは、運転停止後しばらくは内部が高温になっているので、三〇分ほどたってから始めよう。

★除湿器の溜まった水は、打ち水でリサイクル

除湿器もさまざまな機能が付いている。それぞれに長所・短所があるので、使う部屋や場所によって、選び方が違ってくる。

ただ一つ共通しているのは、どのタイプもタンクに水が溜まること。こんなに湿気があったのかと思うほど、たった一日でタンクが水でいっぱいになるのだ。この水は毎日捨てることが必要だ。

ただ捨てるのはもったいないけれど、フィルターで漉されているとはいえ、水の中には雑菌や空気中のホコリがたくさん混ざっているから、植木やベランダの植物に水やりするのは、少し抵抗がある。

そんなときは、打ち水として使おう。照り返しのきつい真夏のベランダに打ち水してやれば、気化熱で涼しくなる。

★空気清浄機はメンテナンスが大事

メーカーによって多少の違いはあるが、空気清浄機の構造は、何枚ものフィルターを重ねてあり、空気中の小さな粒子を漉しとるようにできている。だから、フィルターが汚れてくれば、吸い込む空気の量が減って集塵・清浄効果も大幅にダウンする。

つまり、フィルターの掃除がとても大事なのだ。

最も前面にあるフィルターは、二週間に一度は掃除をしたい。エアコンと同様に掃除機で吸い取るか、水洗いもしくは中性洗剤で浸け置き洗いすればいい。

取扱説明書に従って、こまめにメンテナンスをすることが長持ちの秘訣だ。

照明器具のお手入れのコツ

★白熱電球をLEDに取り替えて節約

LED電球の消費電力は、白熱電球の約五分の一～八分の一。かつては高価な値段がネックになっていたが、最近はお手頃値段に近づきつつある。

最大のメリットは、寿命の長さだ。

ランプ自体の寿命は長いもので約四万時間といわれ、単純に計算すると、一日一〇時間点灯しても、約一〇年間交換せずにすむ。

蛍光灯と比較した場合は、消費電力に大きな差はない。ただ、蛍光灯は点灯するときの消費電力が大きく、点けたり消したりを繰り返すと耐久性も弱くなる。LEDにはそうした影響がほとんどない。

つまり、長期的に考えれば、やはりLED電球のほうがおトクなのだ。

★ＬＥＤ電球の失敗しない選び方

ＬＥＤに取り替えたあと、「意外と暗い」という印象を持つことが多いはず。それは、白熱電球とは明るさや光の広がり方が違うからだ。

そこで、ＬＥＤ電球の特徴とメリット・デメリットを把握しておこう。

【光の広がり方】タイプによって光が照らす角度が異なる。

＊約三〇〇度に広がる全方向タイプ……白熱電球とほぼ同様に部屋全体を照らす。長時間点灯するリビング、ダイニング、浴室などに適している。

＊約一二〇～一八〇度の下方向タイプ……白熱電球に比べると光の届く範囲が狭く、下方向の明るさに優れる。玄関や廊下、トイレなどに最適。

【口金のサイズ】ソケットのサイズに合った電球を選ぶ。

＊一般電球タイプ……幅が約二六ミリ。一般的な白熱電球と同サイズで、同じソケットが

利用できる。

＊ミニクリプトンタイプ……幅が約一七ミリ。小型電球と同じサイズ。

＊ハロゲン電球タイプ……幅が約一一ミリ。熱や紫外線を含まない特徴があるので、絵画や写真などを照らしても色あせしにくい。スポット照明に最適。

［明るさ］白熱電球のワットに対して、LEDの光源はルーメンの単位で表す。ルーメン値が大きいほうが明るい。明るさの目安は、三二五ルーメン（三〇ワット相当）、四八五ルーメン（四〇ワット相当）など。

［光の色］電球によって、明るさや色味を変えられる（調光・調色）。

＊電球色（相当）……一般白熱電球と同程度の明るさ。

＊昼白色（相当）……白い色味で、スッキリした明るさ。

使いたい場所に最適の電球を選ぶことが大切だ。

★ 切れた電球を再生するワザ

白熱電球の電球切れには、二パターンある。

光を発するフィラメントが真ん中で切れてしまった場合は再生不可能だが、端っこで切れた場合は復活できる可能性があるのだ。

その裏ワザを紹介しよう。まず、電球用のソケットを用意。次に、端っこの切れた電球をソケットに差しかえて電源につなぐ。そのまま切れた電球を軽く振ってやると、フィラメントが電極にくっついて再び点灯するはずだ。

その場しのぎの方法ではなく、次に電球が切れるまでずっと使いつづけることができる超裏ワザだ。

電池の再生術

★消費期限がある乾電池

今や、日常のあらゆる場面で乾電池が使われている。その種類も、使い捨てのアルカリ・マンガン電池（一次電池）と、充電ができるニカド・ニッケル水素電池、さらにリチウムイオン電池（二次電池）がある。

乾電池には、「使用推奨期限」という消費期限があり、この期限を過ぎたからといってまったく使えなくなることはないが、性能が落ちる。基本的には、製造日から五～一〇年が目安だ。電池に記載されている日付をチェックしておこう。

★乾電池の正しい使い方

現代社会は、さまざまな種類の乾電池に囲まれている。それほど身近な存在である乾電池も一歩間違えば、大トラブルの原因になることもあるのだ。
正しい使用法を確認しておこう。

①長期間、機器を使わないときは、電池を取り出しておく。

②新しい電池と古い電池をまぜて使わない。

③種類の違う電池（アルカリとマンガン、アルカリとニカドなど）を混ぜて使わない。

④＋と－を逆に入れない。

⑤二個以上の電池を同時に使う場合は、同時期に買った同じメーカー、同種類のもので揃える。

どれも、電池の寿命を長くする方法だ。間違った使い方をすると、液漏れを引き起こして火災の原因にもなりかねないので、くれぐれも注意しよう。

万一液漏れをしてしまった場合は、絶対、液には触れないこと。触ってしまった場合は、念のため医療機関を受診しよう。

★電池の寿命を延ばす保管法

電池は暗くて涼しく、乾燥した場所で保管するのが基本だ。何もしなくても、電池は放電しているため（年間約五％）、湿気がサビの原因になったり、高温多湿の場所に置けばさらに放電が進む。

ただし、涼しいところといっても、冷蔵庫での保存はNG。冷蔵庫に入れると結露が生じてしまい、サビや腐食を引き起こす。水分が電極についたりすると、さらなる放電を引き起こす。

風通しのいい部屋の引き出しなどが、最適の保管場所だ。

★ちょっとおトクな隠しワザ

それぞれの用途に合った使い方が、乾電池を長持ちさせるコツだ。

たとえばマンガン電池は容量が少ないけれど、少し休ませると復活する特徴がある。時計、懐中電灯、ドアチャイムなどに最適だ。

一方アルカリ電池は、ポータブルCDプレイヤーなど、大きな電流を必要とするものに使用する。

容量が足りなくなって交換する場合も、電池自体にはわずかに残量があったりするので、電力が少なくても動く時計などに使い回そう。それで十分間に合う。

テレビ・オーディオ・OAを使いこなすコツ

★テレビ画面の静電気はリンスで防ぐ

どんなに毎日、掃除をしていても、気がつけばテレビ画面にホコリがうっすら。

これは、掃除の仕方が悪いのでもなんでもない。静電気が空気中のホコリを吸い寄せるからなのだ。

そんなときは、リンスを薄めた水にふきんを浸してかたく絞り、画面を拭いてみるといい。リンスには帯電防止効果があり、その働きで静電気の発生を抑えるため、ホコリがつきにくくなる。

★オーディオの静電気は酢水でシャットアウト

テレビやCDプレーヤー、アンプなどのオーディオ機器も、どうしても静電気がたまりやすいもの。そのため、ホコリと静電気が付着して黒ずんでくる。

そんなときは、酢水（水で二〜三倍に薄めたもの）をボロ布にスプレーして、さっと拭き取るといい。

ただし、水が苦手な家電に直接スプレーするのは厳禁だ。

★CD・DVDなどの光ディスクは中心から外側に向かって拭く

CDやDVD、ブルーレイなどの光ディスクは、ホコリがたまりやすいもの。気づかずにそのままにしておくと、セットしたときに再生できなかったり、ノイズが出るなどのトラブルの原因になる。

光ディスクは柔らかい布やティッシュで拭く。といっても、やみくもに拭いてはいけない。

中高年世代はレコード盤と同じように円周方向に拭く人も少なくないが、これはダメ。正しくは、必ず中心から直角に外側に向かって繰り返し拭くのがコツだ。

★ディスクのホコリはメガネ拭きで取る

大事なデータが入っている場合は、さらに丁寧な取り扱いを。砂ぼこりや粉塵が付着したまま拭くと、ディスクに深い傷をつけてしまい、「読み取りエラー」を起こしやすい。大きなホコリは、カメラレンズの手入れに使う「ブロアー」で吹き飛ばす。

また、専用のCDクリーナーも市販されているが、超極細繊維を用いたメガネ用クロスが入手しやすいうえに、指紋などの脂汚れもよく落ちる。

★フィルムパッケージは、ツメで剥がす

ジュエルケースを覆っている透明なフィルムパッケージを剥がすのもひと苦労で、イライラしたことも多いのでは？

国産ＣＤの場合は、切り口からテープを引っ張るようになっているが、この切り口がうまく取れなくてイライラするのだ。

これも、簡単ワザがある。

ケースの開け口側のフタと本体のあいだの溝にツメを立てるだけ。それでもダメなら、同じ場所に爪楊枝やカッターを突っ込んで開ける。ただし、キズつけないよう用心するなら、ツメが一番。

★電話機はマウスウォッシュできれいに

携帯電話やスマートフォン、固定電話の受話器は、使うときに直接耳に触れたり、口元

に近づけることになる。

じつはそこは雑菌やホコリ、ファンデーションなどで汚れがちなもの。手アカまでついていたら興ざめだ。

そんなときは、除菌効果のあるマウスウォッシュの出番。柔らかい布や化粧用コットンを巻きつけた楊枝などに染み込ませて拭く。

多くの人が使うオフィス用電話などは、この方法で消毒してバイ菌も撃退できる。

第7章

おしゃれグッズをきれいにする裏ワザ

靴のお手入れのコツ

★靴のイヤな臭いをひと晩で取るワザ

靴の中はジャブジャブ洗うわけにはいかないので、臭いがこもる。とくに夏はさらにひどくなりがち。洗剤を含ませた布で拭くだけでもかなり違うが、もっとお手軽な方法がある。

＊一〇円玉で取る……脱いだ靴の中に、一〇円玉を四～五枚ずつ入れておくだけ。銅には脱臭効果があるので、臭いが取れるのだ。

＊お茶ガラで取る……お茶ガラを乾燥させて古ストッキングに入れ、それを靴の中に入れておけば、臭いはスッキリ取れる。

★お気に入りの靴は二日続けてはかない

一日はいた靴は汗とホコリをたっぷり吸って、臭いがついているし、型くずれもしている。しかも、足は一日にコップ一杯の汗をかくといわれる。

そこで、長くはきたいお気に入りの靴には安息日を設けよう。一日はいたら風通しをし、シューズキーパーを入れて二～三日は休ませておきたい。

★革のブーツが硬くなっていたら大型ペットボトルにかぶせる

しまっておいたブーツをいざはこうとしたら、革がごわごわと硬くなっていた……ということき、クリームを塗っても柔らかくはならない。しかし、そんなときに効果てきめんなのがお湯だ。

大きなペットボトルや一升瓶などにお湯を入れてふたを閉め、その上からブーツをかぶせて三〇分くらい置いておく。これだけで革が柔らかくなり、はきやすくなるのだ。

★残った乳液を靴クリームに

革靴は専用クリームで手入れするのが一般的だ。古くなった乳液などがあったら、それで代用できる。乳液を柔らかい布に含ませて拭けば、専用クリームと同様の効果があるので、試供品なども大事に取っておこう。

★古ストッキングで磨くとピカピカに

もちろん、たまにはクリームをぬって手入れをしたほうがいいが、革靴の毎日の手入れとしては、はき古しのストッキングでこするだけで十分だ。びっくりするくらいピカピカになるので、試してみよう。

★黒や茶の革靴はバナナで磨く

バナナを食べた日は、靴磨きの日にしよう。というのも、バナナの皮で靴を磨くと、ツヤが出てピカピカになるのだ。

①バナナの皮をむき、内側の白い部分で革靴をこする。

②バナナでまんべんなくこすったら、乾いた布でていねいに拭き取る。

これだけでＯＫ。バナナの皮に含まれるタンニンが靴の革を柔らかくし、汚れを落としてくれるのだ。ただし、このタンニン・マジックは黒かダークブラウンなど、濃い色の革靴にしか使えない方法なので、ご注意を。

また、むいたバナナの皮をストッキングに入れて磨いてもいい。

★靴箱にしまう直前にクリームをぬるのは

シーズンが終わった靴は、きちんとケアをしてから靴箱にしまいたい。ただし、ここで注意したいことがひとつ。クリームを塗った靴をすぐにしまうのはNG。靴クリームには保湿成分が含まれているため、そのまましまってはカビの原因になってしまうのだ。

磨いたら一日くらいは外に出しておき、靴箱にしまうときに乾燥剤もいっしょに入れると安心だ。

★白いスニーカーには、練り歯磨きとベビーパウダー

白いスニーカーは、当たり前だが白さが決め手。とくに布製のものは汚れが落ちにくいので、新品のうちにひと手間かけておこう。

はく前に白い練り歯磨きを塗り、防水スプレーをかけると汚れにくくなるのだ。また、全体にロウを塗ってマスキングするのも効果的。一〇～一五往復くらい塗り込めば、汚れがつきにくくなり、ついた汚れも落としやすくなる。

一方、革製のものが汚れてしまったときは、ジャブジャブ洗ってしまおう。革のスニーカーはほとんどが防水加工されているので、洗っても大丈夫だ。薄めた中性洗剤をスポンジなどにつけて表面を洗い、十分にすすいだあとは陰干しして乾燥させる。

そして、次がポイント。乾かしたら、布目にベビーパウダーをはたき込むのだ。けっこう驚きの白さになり、次に洗うときも汚れが落ちやすくなる。

★洗ったスニーカーはビールびんで速攻乾燥

スニーカーを干すとき、どのようにしているだろうか。ベランダの壁などに立てかけておくのをよく見かけるが、それは型くずれの原因になるのでおすすめできない。ここでは、型くずれせず少しでも早く乾かすワザを紹介しよう。

その速攻ワザとは、ビールの空きびんにスニーカーをかぶせて、日当りの良い場所に置いておくだけ。ビールびんの濃い茶色が太陽の熱を吸収して熱くなり、ふつうよりかなり早く乾くというわけだ。

★泥汚れは、こすり落とさない

革靴に泥の汚れがついてしまったとき、乾いてからブラシで落とそうとすると革に傷がつきかねない。

そんなときは、またぬらすのだ。ぞうきんで泥を水拭きしたあと、陰干しをする。完全に乾いてからクリーナーなどでもう一度汚れを落とし、クリームで磨いておけばＯＫだ。

★ぬれた革靴は直射日光にさらさない

突然の雨で革靴をぬらしてしまったときなど、型くずれが心配。しかし、早く乾かそうとして、雨があがったときに直射日光に当てるのはＮＧ。ひび割れなど、靴を傷める原因になってしまうのだ。

そんなときは昔ながらの方法で、靴の中に新聞紙をつめて何度も取り替えるのもいいが、ドライヤーを使うと早い。ただし、革は急激な乾燥や熱にも弱いので、ドライヤーは冷風にして当てること。

★ちょっとだけ、ぬれてしまったときは…

全体がグショぬれになったのなら、前述の方法が効果的なのだが、一部分だけぬらしてしまったら、どう手入れをすればいいのだろうか。

そのときは、ぬらしたタオルで全体を拭き、均一にぬらしてしまうのが一番。ぬれた部分と乾いた部分があると、その境目にシミができやすいので、その境目をなくすのだ。

そのあと、新聞紙を靴の中に入れて置いておくとシミを作らずに乾く。

★革靴に白いシミができてしまったら…

それでも、ぬれた靴が乾いたとき、粉を吹いたような白いシミができてしまうことがある。これは革の表面に、足の汗などを吸いとった塩分が出てきているのだ。つまり、白いシミは塩分なので、ふだんのマメな手入れで防げるということ。

このシミができたら、衣類のシミ抜きの要領で、水でぬらした布を固く絞り、全体をぼかすように拭き取っていく。こすってはダメ。取れたように見えても、乾くとまた出てくることがあるので、様子を見ながらそれを繰り返すといい。

最後に、乾いてからクリームを塗って磨けばＯＫ。

バッグのお手入れのコツ

★ 革のバッグの傷はクレヨンで隠す

ふと気づいたら、大事なバッグに傷が……そんな経験をしたことがある人は少なくないだろう。革には細かい傷が簡単についてしまう。こんなときは、クレヨンでリカバーできる。

革の色に近いクレヨンで傷をなぞり、乾いたタオルで拭き取るだけ。すると、クレヨンの色が革になじみ、傷が目立たなくなるのだ。傷が深い場合は、クレヨンをライターなどで温め、柔らかくしてから傷に塗り込むといい。そのときは、すすがつかないように、ライターはクレヨンから離すこと。傷に塗り込んだら、指の腹で整えよう。最後に、クリームで磨けばＯＫ。

★ファスナーのすべりが悪いときはベビーパウダー

バッグのファスナーのすべりが悪くなったとき、やたらに動かそうとすると壊れることがあるので、無理は禁物。そんなときはファスナーのギザギザの部分にベビーパウダーを振りかけるといい。きめの細かい粒子がファスナーの動きをスムーズにしてくれる。

また、財布などもっと小さな物であれば、鉛筆の芯をギザギザにこすりつけるというワザもある。

★くたびれたスエードのバッグは紙ヤスリで復活

スエードは毛が抜けるとテカリが出て風合いがなくなり、スエードでなくなってしまう。そんなときは、紙ヤスリでこするといい。ただし、念のため、バッグの底や目立たない隅っこで試してから全体をやるようにしよう。

紙ヤスリをグシャッと丸め、ほどけないように一部をテープでとめたら、円を描くようににやさしくこする。そうすると、けば立った風合いが戻るのだ。最後の仕上げに、手のひらでなじませれば完了。

★エナメルのバッグはオイルで拭く

光沢のあるエナメルのバッグは、指紋や手あかが目立ちやすい。使い終わったら、毎回専用のクリームでお手入れしておけば安心だが、なければ化粧落としのクレンジングオイルでもOK。

ツヤを保つためには、ベビーオイルも有効だ。オイルを布に含ませて全体に伸ばし、乾いた布で拭くといい。

また、エナメルは寒さや乾燥に弱く、革が硬くなってしまうので、ひび割れを作らないよう、とくに冬にはマメな手入れが大事になる。

★白い革のバッグの汚れは住宅用洗剤を薄めて

白いものを身につけるのは、扱いが難しいだけにもっともぜいたくなオシャレかもしれない。とくに夏は、白いバッグを持っていると涼しげだ。しかし、薄汚れてしまっては、オシャレも台なし。

白いバッグの手あかや汚れを取るには、一〇倍くらいに薄めた住宅用洗剤が効果的。歯ブラシにガーゼを巻いて刺激を和らげる棒を作り、それを液に浸してバッグをやさしくこするといい。

そのあと、水を固く絞った布で拭き取るだけ。ただし、素材によって効果は違ってくるので、全体に洗剤液をつける前に、目立たない部分で試してみよう。

★革のバッグのツヤ出しは牛乳で

革のバッグやカバンは定期的に手入れしたほうが長持ちするが、わざわざ専用のクリームを買う必要はない。冷蔵庫の牛乳で十分である。牛乳には水分と脂分の両方が含まれるが、水分が汚れを取り、脂分が革をコーティングしてくれるからだ。

木綿の柔らかい布に牛乳をしみ込ませ、よく絞ったら、カバン全体をやさしく拭く。そのあとは、乾いた布でていねいに拭けばツヤが出て、きれいに仕上がる。

アクセサリーのお手入れのコツ

★シルバー・アクセが汚れたら、アルミホイルでリカバー

シルバーのアクセサリーが黒ずんできたら、アルミホイルと重曹を用意しよう。ただし、この方法は石がついているものはやめたほうがいい。

①深い皿にアルミホイルを敷き、その上にシルバーを置く。
②その上から重曹を振りかけてよくまぶし、熱湯をかけて、しばらくおく。
③①②だけでもきれいになるが、このあとでシルバー用クロスで磨くと、さらにピカピカに。

ちなみに、これは銀食器の手入れ法として、昔からヨーロッパで行われているワザだ。

★シルバー・アクセのツヤをよみがえらせるには炭酸飲料

①炭酸飲料（気が抜けたものでOK）を深い皿に入れる。

②その中に、アクセサリーをひと晩つけておく。

炭酸が、酸化した黒ずみをとって、ピカピカによみがえらせてくれるのだ。使う炭酸飲料は柑橘系でも大丈夫。

★朱肉、口紅、日焼け止め。シルバーの黒ずみにはどれが効く？

答えは全部、だ。身近にあるじつにさまざまなものが、シルバーのアクセサリーの黒ずみを取ってくれる。

＊ハンコの朱肉……ハンコの朱肉にこすりつけ、柔らかい布で朱肉が取れるまでよく拭く。するど、不思議とピカピカに。朱肉の原料の金属や油が、汚れをこすり取ってくれるの

だ。ただし、ゴールドやプラチナはシルバーよりも柔らかいので傷がつく恐れがあり、この方法は向かない。

＊口紅……ティッシュペーパーに口紅をぬり、そのティッシュで黒ずんだ部分を磨く。口紅に含まれる乳化剤が黒ずみの原因である酸化銀を浮き上がらせ、口紅の発色をよくする酸化チタンが汚れを取り除いてくれるのだ。

＊日焼け止めクリーム……コットンに日焼け止めクリームを少し取り、三〇秒くらい磨けばピカピカに。クリームが研磨剤の代わりをしてくれるわけだが、きめが細かいので、アクセサリーを傷つけることはないのでご安心を。

★ゴールド・アクセはヨーグルトでよみがえる

ゴールドのアクセサリーがくすんできたら、専用のクロスで拭いたり、洗濯用の中性洗剤で洗ったりする方法があるが、なんとヨーグルトでも復活できる。ヨーグルトに含まれる乳酸や乳脂肪が汚れを取ってくれるのだ。

①プレーンなヨーグルトを柔らかい布につけて、ゴールドのアクセサリーをこする。もし

くは、ヨーグルトの中にしばらくつけ込んでおいてもいい。
②ヨーグルトをていねいに拭き取る。

★ダイヤモンドの曇りは中性洗剤で取る

ダイヤモンドも身につけているうちに、さまざまな汚れがついて、最初の輝きが失われているもの。そこで、輝きを復活させるためには、食器用の中性洗剤をぬるま湯に溶かし、その中で振り洗いするときれいになる。

細かい部分の汚れは柔らかい毛の歯ブラシを使い、最後にきれいなぬるま湯ですすぐだけ。ダイヤモンドだから、歯ブラシでゴシゴシしても大丈夫だ。

★カメオなど貝細工の汚れは綿棒で取る

カメオのお手入れは、綿棒に消毒液を含ませて拭くのが効果的。細工の入り組んだところの汚れを、一つひとつていねいに拭いていくのだ。

細かく細工されたブローチなどは、ふだんから使ったあとにハケなどでホコリを払っておきたい。

★チェーンが絡まったらベビーパウダー

アクセサリーボックスの中に無造作に入れておくと、ペンダントやブレスレットのチェーンが絡まっていることがある。チェーンをほどくのはイライラするが、そんなときはベビーパウダーが役立つ。

絡まった部分に振りかけると、すべりがよくなってほどけやすくなるのだ。

★チェーンのすき間汚れを取るコツ

チェーンも汚れが目立ちやすい。専用クロスで拭くだけではなかなか取れないし、細かい部分に黒ずみがあるとオシャレも台なしになる。

そんなときは中性洗剤を溶かした水にしばらくつけておき、振り洗いしよう。または、アクセサリー専用のクリーナーを使って、指の腹でこすりながら洗う方法でもいい。

★真珠の大敵は酸

真珠は柔らかくて、傷がつきやすいことでも知られるデリケートな宝石。汚れは、乾いた柔らかい布でそっと拭くだけですませよう。

だから、汚さないための工夫も必要になる。真珠は酸に弱い性質があるので、汗にふれたり、フルーツジュースがかかったりするとダメージを受けてしまう。そんなときは、すぐに水洗いしてから、から拭きしよう。

ネックレスなど糸を通したものを洗ったときは、糸に水分が残らないように、ときどき陰干しをすることも忘れずに。

★金メッキの大敵は塩分

メッキ類は傷がつきやすいので、できるだけ固いものに触れさせないようにしたい。そのためには、個別にビニール袋に入れて保管しておこう。そして、さらに大事なのは、メッキは塩分に弱いので、汗をかく夏にはあまり身につけないようにするということ。使ったあとは水に中性洗剤を溶かして洗い、柔らかい布でから拭きしておこう。

ここまでは基本の表ワザだが、ここからが裏ワザ。

メッキ類は変色との戦いといえる。しかし、研磨剤の入った布は使えないし、金やプラチナ用のクリーナー液も×。ただし、捨てるには惜しいという段階まで汚れたら、ダメもとでシルバー用クリーナー液につけてみるといい。あっと驚くほどきれいになる。

★金属アレルギーの人はマニキュアで予防

身につけるとかぶれてしまうなど、シルバーやゴールドにアレルギーがある人もいるだろう。でも、お気に入りのものは使いたい。

そんなときは、透明なマニキュアでアクセサリーの肌にふれる部分をコーティングするといい。ただ、爪にぬったときと同じで、時間がたつとはがれてくるので、ひんぱんに使いたいときは、定期的にぬり直すようにしよう。

化粧品の賢い使い方のコツ

★折れた口紅は熱で再生

新調したばかりの口紅を長く出しすぎて思わず折ってしまった、という経験のある人はけっこういるのではないだろうか。

化粧の途中で気持ちが一気にダウンしてしまうが、そんなときの奥の手はドライヤー。ケースに残った部分にドライヤーの熱風をあてると、口紅が柔らかくなってくる。そこで、ケースに残った断面と折れた断面をくっつけるのだ。そのあと、冷蔵庫でしばらく冷やせば、元どおりの口紅に復活するというわけだ。

ドライヤーのかわりに、ライターの火で同様に行ってもいい。

★パウダリーファンデがひび割れたら①

コンパクトの中のファンデーションは、落としたときの衝撃や、残り少なくなると割れてしまうことがよくある。

そんなときは化粧水を割れた部分に数滴落とし、指先でなじませて練ろう。化粧水の水分が蒸発すれば、元どおりになっているはず。

★パウダリーファンデがひび割れたら②

化粧水を使って再生するワザもあるが、混ぜ物をせずに再生させるワザもある。逆に、全部粉々にしてからプレスするのだ。

①割れたファンデーションを全部ポリ袋に移し替え、スプーンの腹などで粉々に砕く。粒子が細かくなるように、できる限り粉々に。

②それをコンパクトの中に戻し、均等の厚みになるようにならしたらラップをかぶせる。

③ラップの上から、スプレーの底など平らなものを使ってギュッギュッと押し固め、コンパクトの中にきれいに収まるようにする。

④それを冷蔵庫で二〜三時間冷やせば、再生完了!

これは、チークやアイシャドウを割ってしまったときにも使えるワザだ。

★リキッドファンデが固まったら

では、長く置いておいたリキッドタイプのファンデーションが、水分が蒸発して使いにくくなったら?

そのときも、容器の中に乳液や美容液を数滴たらしてみよう。のびが出て使いやすくなる。ただ、あまり時間がたちすぎたものは使わないようにしよう。

★出なくなったマスカラを復活させるワザ

固まりやすいマスカラ、出にくくなったからと捨てるのはもったいない。専用の薄め液も市販されているが、手持ちのもので復活させるワザを紹介。

＊マスカラの容器に〝化粧水や乳液〟か〝目薬〟か〝オリーブオイル〟のどれかを数滴入れ、キャップを閉めて振る。

＊マスカラの容器をドライヤーで温めるか、湯せんして、中の液をゆるませる。

このようにして、簡単にマスカラの寿命を延ばすことができるのだ。リキッドタイプのアイライナーも、同様の方法で復活させることができる。ただし、目に使うものだから雑菌には注意。もったいないからと、手についた化粧水などを戻さないようにしよう。

★驚き！　レジ袋が脂《あぶら》取り紙に

スーパーやコンビニのレジ袋は高密度のポリエチレンでできている。じつは、これは脂となじみやすい性質を持っているため、携帯のディスプレイの脂汚れも落ちるし、脂がついた手を拭いてもきれいになるのだ。試してみてほしい。

そして、これが顔の脂落としにも効く。レジ袋を適当な大きさに切って顔の脂を押さえると、脂分がきれいに取れるのだ。

★またまた驚き！　レシートで爪磨き

もうひとつ、スーパーやコンビニでもらうものを活用した裏ワザを紹介。

感熱紙に限るのだが、レシートをもらったら、印字されている面で爪を磨いてみよう。感熱紙の表面の凹凸が爪の凹凸をうまく削り取るので、ピカピカになるのだ。予算ゼロでできる美容術、試してみない手はない。

小物のお手入れのコツ

★腕時計のガラス板についたキズは練り歯磨きで消す

腕時計のガラス板も、いろいろなところにぶつかったりすれたりして、細かいキズがついているもの。それを目立たなくするために、効果的なワザがある。

ただし、このワザはアクリルガラスや強化プラスチックの場合には有効だが、本物のガラスには効かないので注意しよう。

ガーゼなどの柔らかい布に練り歯磨きを薄くのばし、日に当ててよく乾かしてから、ガラス面を丹念に磨く。すると、ヤスリをかけるようにキズを滑らかにし、かなり目立たなくなるというわけ。最後に、きれいなガーゼで拭けば完了。

★コインパースなど革小物の黒ずみは消しゴムで消す

ふだん使っている革の財布や小銭入れなどは、手あかで汚れてくるもの。その汚れは専用のクリーナーを使えばいいが、その前におすすめしたいのが消しゴム。

消しゴムで軽くこすると、ちょっとした汚れなら取れることも少なくないのだ。ただし、砂消しゴムは絶対にNG。

★眼鏡の汚れは、食器用洗剤で落とす

眼鏡のレンズの汚れは、専用のクロスで拭いてもなかなかスッキリ取れない。顔の脂や化粧品がついていることも多いので、そんなときは手早く洗ってしまうに限る。

食器用の中性洗剤を溶かしたぬるま湯に眼鏡を入れ、手でやさしく洗おう。レンズとフレームのすき間の汚れは、柔らかい毛の歯ブラシでそっとこするといい。洗い終わったら乾いた布で拭いて乾かし、仕上げに専用クロスで磨けばＯＫ。

★ヘアブラシの汚れは重曹やガーゼでシャットアウト

ヘアブラシの根元には、どうしてもホコリがたまってしまう。簡単に洗える材質なら、重曹を溶かした水に数時間つけ込んでおくといい。汚れが浮いてくるので、流水ですすいで乾かせばクリーニング完了だ。

獣毛など材質によってはあまり水洗いしないほうがいいものもあるが、長持ちよりも清

潔さを保つほうが重要と考えるなら、シャンプーを溶かしたぬるま湯で洗うといい。

また、見た目は良くないが、最初からブラシにガーゼをかぶせ、根元まで食い込ませて使うと汚れはつきにくくなる。ガーゼを取り替えるだけだから、簡単だ。

★型くずれした帽子はアイロンで回復

しまっておいた帽子をいざ使おうと取り出してみたら折りジワがついていた、なんていう経験があるのではないだろうか。そんなときは、帽子の中に厚手のタオルを入れて形を整え、スチームアイロンを使うといい。

アイロンは帽子に直接ふれないように浮かせ、スチームを折りジワにかける。何度か繰り返してシワが取れてきたら、乾いたタオルで湿気を取り除き、そのまま陰干ししようきれいに仕上がる。

傘のお手入れのコツ

★ 布の雨傘は洗剤で洗う

雨にぬれた傘は日陰で広げて乾かすのが一般的だが、それだけでは布にシミがつくのは防げない。とくに、色の薄い布の場合は気をつけたいもの。

そこで、ときどきは風呂場やベランダで丸ごと洗おう。中性洗剤をつけたスポンジで汚れをたたくようにして洗い、シャワーで十分にすすぐ。よく乾かして、最後に防水スプレーをかければ完了だ。

このようにすれば、お気に入りの傘も長くきれいに保てる。

★ ふだんのお手入れは消しゴムで

たまには洗うとしても、ふだんからマメに手入れをすれば、傘を洗う回数はグッと減らすことができる。

とくに布の折り目の部分は黒ずみがちなので、その汚れは乾いているときに消しゴムでこすっておこう。早いうちなら、これで十分きれいになる。

★水をはじかなくなった古い布傘の復活ワザ

傘も長く使っていると、だんだん水をはじかなくなる。しかし、捨てるのはもったいない。そこで、新品同様、水をはじくようにさせるワザを紹介しよう。

傘を水でぬらし、ドライヤーで乾かす。これだけ。ドライヤーの温風によって、防水のためにコーティングされた樹脂の毛が起き、水をはじくようになるのだ。

また、骨の継ぎ目部分にサラダ油をぬっておくと、潤滑剤になって開閉がスムーズになる。

★日傘は洗える材質かどうか確認しよう

日傘の汚れも一気に洗えばスッキリするのだが、洗えない材質のものもある。絹製や晴雨兼用のものなど撥水加工をしてあるもの、細かいレース製のものなどはだめ。洗えない材質の汚れを取るには、軽くブラシでこする程度にとどめておこう。つまり、きれいに保つには、ふだんからマメに手入れをすること。

洗えるのは、綿や麻製のもの。これは雨傘と同様、中性洗剤で洗えばいいが、日傘に使われる布は伸縮しやすくなっているので、強くこすると型くずれすることがあるから、やさしく。

また、黒や濃い色の日傘を洗うとき、蛍光剤が入っている洗剤を使うと色落ちする危険性があるので、蛍光剤が入っていないことをきちんと確認しよう。

置き物の手入れのコツ

★花瓶の内側の汚れは酢で取る

いつも使っている花瓶は、内側がけっこう汚れているものだ。ときどきはきれいにしておこう。

奥まで届かないときは、中に適量の酢と米をひとつかみ入れ、よく振ってからすすぐ。それでも汚れが落ちないときは、酢に湯を加えてしばらく置いておこう。

★花瓶に活けた花を長持ちさせるワザ

花瓶をきれいにしたところで、せっかくなので、活けた花を長持ちさせるワザもいくつか紹介しよう。

＊ヘアピン……花瓶に入れた水一〇〇ccに対して、ヘアピンを一本入れる。ふつうの二倍

は長持ちする。一〇円玉を入れるのも効果的。

＊気の抜けた炭酸飲料……花瓶の中に、水と、気が抜けた炭酸飲料を半々に入れる。炭酸飲料に入っている粒子の細かい糖分が栄養になるため、長持ちするのだ。ただし、気が抜けていないとだめ。新しいと泡が水分を吸い上げるのを邪魔してしまう。

＊ストロー……透明のストローをタテに切り、花の茎を包み込んでふつうに活けるだけ。茎がまっすぐになるので、水を吸い上げやすくなるのだ。

★陶器の底にマニキュアを塗っておく

陶器製の花瓶や灰皿をテーブルの上でひきずると、傷をつけてしまうことがある。底がざらついているためだ。

底をヤスリできれいに削る方法もあるが、それも面倒という場合は、透明なマニキュアを塗っておくといい。ほかの家具などを傷つけることがなくなる。

★デリケートな飾り人形は筆でケア

ひな人形や五月人形など、細かい作りの人形のホコリや汚れは、新品の筆で払うといい。使用済みのものだと、いくらちゃんと洗ったつもりでも、絵の具や墨の色がつく危険性があるので、やらないほうが無難だ。

細かい部分にも入り込めるよう、使うときは筆の先をよくほぐしておこう。

★デリケートな置き物、それでも汚れが気になるときは

筆でホコリを払っても、どうも取りきれていない気がする……というときは、掃除機とポリ袋を用意。

ポリ袋の底に空気穴を開けたら、袋の中にホコリを取りたいものを入れる。掃除機のホースの先を袋の中に差し入れ、袋の口を閉めてスイッチオン。パワーは「弱」に。開けた穴から新しい空気が入り、置き物についたホコリが吸い取られていく。

掃除機の先は置き物にくっつけないようにしよう。

★壊れやすい材質のものはドライヤーで

クリスタルやガラスのオブジェなど、オシャレな置き物のケアも頭が痛い。ハタキをかけると引っかけそうだし、かといって、ホコリを払っておかないとピカピカに保てない。

そんなときは、ヘアドライヤーを「弱」にして冷風をあて、ホコリを吹き払おう。そのあと、やわらかい布でから拭きしておけばＯＫだ。

第8章

ガーデニングの裏ワザ

鉢植えを生き生き育てるコツ

★花がらや枯れ葉はマメに取り除く

鉢花を長持ちさせるコツは、咲き終わった花がらや枯れ葉をこまめに摘み取ること。しおれかけてきたら、すぐに取り除く習慣をつけよう。

花がらをそのままにしておくと、種を作るために養分を吸い取ろうとして株が消耗し、その後の花つきが悪くなってしまうのだ。枯れたり、雨に濡れて傷んだ葉や花がらが、ほかの葉や茎について腐ると、病気の原因にもなりやすいし、手入れが行き届いていないようで見た目にも悪くなる。

こまめにチェックして、水やりのついでに花がらや枯れ葉を取り除いておけば、開花期間も確実に長くなる。

★プランターの土は太陽で消毒後にリサイクル

鉢やプランターで使った土をそのまま捨てるのはもったいない。

でも病気や害虫の心配を考えると、そのまま再利用するのはおすすめしない。最近は、土のリサイクル剤も市販されているが、もっと簡単な裏ワザは、太陽による殺菌消毒だ。

まずは、古い根をほぐして取り除き、園芸用のふるいにかける。次に、土を黒いビニール袋に入れて平たくならし、木酢液を加える。ビニール袋をしっかり閉じて密閉し、コンクリートの上に置いておく。

真夏なら、コンクリートの上で天日干しをすれば、袋の中は六〇度くらいにまで上昇するので、有害な虫や病原菌も十分殺菌できる。冬でも一週間ほど太陽に当てれば、しっかり殺菌消毒できる。

この土に腐葉土かピートモスを混ぜて、さらに石灰をひとつまみほど入れて混ぜ合わせれば、古い土の再生完了だ。

★土は鉢の縁からマイナス三センチ

園芸店で売られている草花は、ビニール製のポットに入れられていることが多いが、そのまま飾ったのでは味気ない。

買ってきたポット苗をお気に入りのプランターに植え替えるとき、プランターに入れる土は、縁からマイナス三センチほど低めに入れるのがコツだ。縁ギリギリまで入れてしまうと、水やりをしたときに、土や肥料が流れ出てしまうからだ。

★コンテナの大きさは、一号が約三・三センチ

ガーデニングの本などでは、「バラは五号鉢がおすすめ」といったように、コンテナの大きさを号数で表示していることが多い。

この号数は、直径の長さが基準で、一号は約三センチ。つまり、三号は直径約九センチ、五号は直径約一五センチ、一〇号は約三〇センチということになる。

お店に並ぶ商品にも、値段と号数を表示したラベルが貼られているので、コンテナ選びの参考に覚えておこう。

★失敗しない花選び

花屋の店先や園芸店で苗を選ぶとき、見た目の華やかさに心を奪われてしまいがちだが、日当りや水はけなどの生育条件は、植物の種類によってそれぞれ違うため、ガーデニング初心者が育てにくい花を買ってしまって、一週間もたたずに枯らしてしまったなんてこともよくある話だ。

最初は、丈夫で育てやすい品種を選ぶのがいい。

苗で選ぶなら、パンジーやビオラ。球根ではグラジオラス、チューリップ、水仙など。観葉植物ならポトスが強健種で、水さえ切らさなければ初心者でも失敗が少ない。

★苗を選ぶときは、ビニールポットの底から根をチェック

根の張った丈夫な苗を選ぶコツを教えよう。

まず、ひょろひょろと草丈が伸びきっている苗は日光不足。葉と葉のあいだが狭く密生していて茎が太く、花よりつぼみが多くついていることがポイントだ。

さらに、害虫がついていないもの。根元が締まって、しっかり根が張っているものを選ぶ。根の張り具合の見分け方は、ポットを裏返して底穴を見る。穴からひげ根が見えていれば、よく育っている証拠だ。

水やりのコツ

★〝水やり三年〟といわれるほど、奥が深い水やり

〝水やり三年〟という言葉があるほど、植物を育てる水やりの作業は難しいもの。ガーデ

ニング初心者の失敗の多くは、植物の状態に合った水やりの加減がわからないために、水をやりすぎて根を腐らせたり、水切れで枯らしてしまうというものだ。

適度な水やりのコツは、土の表面が乾いたときにコンテナの下から水が流れるぐらいまでたっぷりあげること。

室内の鉢花には、水受けの鉢皿を必ず敷いておこう。水をやるときだけ戸外に出して、太陽の光をたっぷり浴びさせるのも、長持ちさせる秘訣だ。

★真夏の水やりは、朝か夕方に

春に見事な花を咲かせた鉢花も、日本の暑い夏を越すのは大変だ。どんなに日当りが好きな植物でも、三五度を超える直射日光は植物にとっても猛暑なのだ。

とくに、午前一一時から午後二時頃までの日中の暑い時間帯の水やりは御法度。鉢の中で水が温まって、土が蒸れたり、根腐れの原因になる。

真夏の水やりは、早朝から気温が上がりきる前の午前一〇時前か、夕方の午後六時以降に行うこと。

植物によっては、朝夕二度の水やりが必要なものもある。風通しのいい真夏のベランダはとりわけ土が乾きやすくなるので、水やりをするときはベランダ全体が濡れるくらいたっぷりあげよう。

前日に水やりを忘れた場合でも、夕方まで待ったほうがいい。土がカラカラに乾いて葉がしおれているような待ったなしの場合は、風のある半日陰か涼しい風呂場などに緊急避難させてから、水やりを！

★ ゆで卵のゆで汁で生き生き

朝食にゆで卵を作ったあとのゆで汁も、植物にとっては栄養の宝庫。ゆで汁に溶け込んだミネラルがそのまま栄養になるため、植物や植木にはおいしい水となるのだ。

室温ぐらいに冷めたところで、植物に水やり感覚でたっぷり与えてあげよう。栄養剤や肥料も必要ないぐらい、植物が生き生きとしてくる。

★二重鉢で外気の熱を遮断

植物を入れているコンテナより、ひと回り大きな鉢にすっぽり入れて、そのあいだに古い土を入れる二重鉢という方法も、古くから行われている隠しワザだ。あいだに入れた古土が断熱材の役割を果たして、暑さと乾燥を防いでくれる。水をたっぷり加えれば、気化熱で温度を下げる働きも。あいだに入れるものは、古土のほか、水ゴケ、新聞紙、小砂利を詰めて水を与えても同様の断熱効果を発揮する。

★留守中はペットボトルで自動水やり

泊まりがけで外出したり、帰省などで数日家を留守にするときに困るのが、留守中の水やりだ。水の入ったバケツなどに鉢を丸ごといれて、たっぷり水を吸わせたり、鉢皿に水を張っておいたり。二〜三日留守にするなら、これらの方法で間に合う。

また、水を入れたバケツや二リットル入りペットボトルを用意して、四〜五センチ幅の布を浸し、布の端を鉢植えの中に埋め込んでおく。こうすれば毛細管現象で、水が少しずつ鉢植えの土に染み込んでいく。

夏に帰省や旅行で長期外出をするときは、前述の方法に加えて土が乾きにくい日陰に鉢を移動させておこう。

★根元を水苔で覆う

鉢花を枯らしてしまう原因は、ほとんどが水切れによるもの。とくに土が乾きやすい真夏の水切れは致命的だ。

土の上を、水ゴケやピートモス、腐葉土などで覆って、土の乾きを遅らせる工夫をしよう。

★シンクに水を張って

小さな鉢はとくに乾きやすい。家を留守にするときに、キッチンのシンクやたらいに水を張ってコンテナごと入れておく方法もある。

鉢植えの底の穴から少しずつ給水されるので、水枯れする心配がない。

★雨水やエアコンの排水を利用

庭の植木の水やりは、雨水やエアコンの排水を利用するのが節約ワザ。バケツやペットボトルなどにためて水やりに使おう。

とくに雨水は、不純物をほとんど含まない蒸留水に近い成分なので、ため置きしても腐りにくい利点がある。エコなスローライフにぴったりだ。

★松ぼっくりで水やりのタイミングがわかる

鉢花が枯れるのは、水のやりすぎによることも多い。松ぼっくりを使って、水やりのタイミングを見つける隠しワザがある。

鉢植えの土に、松ぼっくりの下五分の一くらいをねじ込むように埋め込むのだ。水をやると、松ぼっくりのカサがだんだん閉じていく。土中の水分が四〇％以下になるとカサが再び開いてくる。

このタイミングで水やりをすればＯＫというわけ。

★室内鉢は氷二、三個で水やり

室内で咲かせる鉢花にそのまま水やりすると、鉢皿から水があふれ出して床が水びたしになる失敗をすることも。

鉢を戸外に出してやる時間がないときは、土の上に氷を二、三個置くのも手間要らずの簡単ワザ。ついつい忘れがちな観葉植物にも使える方法だ。
床を汚すこともなく、花も緑もイキイキ！

★湯冷まし水で、鉢花の元気復活

植物も人間と同じように、ミネラルたっぷりのクリーンな水が大好き。特別に大事にしている鉢花には、ミネラルウォーターをあげるというガーデナーもいるほどだ。でも、毎日の水やりにミネラルウォーターでは不経済。

そこで、水道水を一度沸騰させた湯冷まし水をあげるといい。水道水の塩素を飛ばしてあげるだけで、効果は大違い。鉢花も見違えるほど元気になる。

★冬のあいだの水やりは、控えめに

冬は、一週間に二～三度、基本的に土の表面が乾いてきたら水やりする程度のほうがいい。夕方暗くなりかけてから水やりをすると、土中に残った水分が凍ったり、鉢割れの原

因になったりする。

冬のあいだの水やりは、必ず午前中に行うこと。根腐れの原因になることも多いので、控えめを心がけよう。

★新聞紙で覆って防寒対策

急な冷え込みで霜が降りて、ベランダの草花が凍死寸前になってしまった！

そのまま冬の直射日光に当てると、急激な温度変化のために草花は完全に死んでしまう。こんなときは、少しずつ温めてやることが肝心だ。

まず、鉢植え全体を吸水性のある新聞紙でおおって、直射日光が当たるのを避ける。新聞紙は三枚くらい重ねてやるといい。この状態を一日中保ち、徐々に草花を温めてやれば、植物もよみがえってくる。

★冬の室内の植物には葉水を与える

暖房効果で冬でも暖かい室内の空気は、乾燥している。室内に置いてある植物も、人間同様、じつは乾きを訴えているのだ。

そんなときは、葉に水をかける〝葉水〟を与えるといい。濡れたティッシュやタオルで葉を拭いてやるのも、汚れも取り除けてダブル効果がある。

ただし、水を嫌う花にかけると傷みやすいので、花にかからないように注意して行おう。

球根の上手な育て方

★よい球根の選び方

よい花を咲かせるには、中身の充実している球根を選ぼう。

よい球根を選ぶコツは、ずっしりと重くて直径が大きく、かたいもの、皮につやがあるものを選ぶことだ。指でそっと押したときに、へこんでいたり柔らかいものは避けたい。また、芽の先や根が出るところに傷があったり変色していないかどうかも、しっかり確認しよう。

★球根の上下を間違えない

チューリップやスイセンの球根の植え付け時期は秋。深鉢がベターだ。というのも、プランター（鉢）に植えるときは、球根の三倍くらいの深さが必要だからだ。目安は、球根の上に球根の高さ×二倍の土がかかるくらい。球根と球根の幅は、球根一個分くらいの間隔で。

また、植え付けるときは、球根の上下を間違えないようにするのがポイントだ。ふっくらお尻のように丸くなっているほうを下に置く。

スーパー裏ワザは、根元を下ではなく、先端を中心に向けて横にして置くこと。花が咲いたときに中心から外側に向かって開くため、花束のように見えるのだ。

★ 球根の多層植えで楽しむ

まだ肌寒い早春に、春の訪れを告げるように土の下から芽を出し始めるのは、かわいいものだ。普通は、球根を一層に並べて植え込むが、二段重ね、三段重ねの多層で植えると、すき間なく花が咲いて豪華に見える。

チューリップ一種類でもいいが、何種類もの球根を一鉢に咲かせる方法もある。咲く時期の違う球根を植え込めば、冬から初夏まで絶えることなく、いろいろな花を楽しむことができる。

作業は、普通の鉢植えを作る要領で、鉢底ネット、底土、培養土と入れたあと、一段目にチューリップの球根を植え付ける。その上に、球根が隠れるほどの土を入れ、二段目にムスカリ、三段目に水仙を植え付ける。最後に土をかければ、完成だ。

★チューリップは茎から切る

チューリップの花が咲いたあとは、養分を残すために葉だけ残して茎から切り取るのが肝心。このとき、花の先が開きかけたくらいの段階で早めに茎ごと切り離すのが、基本だ。残った葉に肥料を与えながら、自然に枯れるまで残しておく。このあいだに、葉と茎で光合成をしながら養分を再び球根の中に蓄えて、分球していくのだ。

二〜三年に一回は球根を掘り出して、風通しがよくて霜の降りない場所で乾燥させ、翌年の秋に植えなおすといい。

★宿根草は株分けが必要

キキョウやシャクヤクなどの宿根草は、花が咲き終わったあと、茎を切り取っておけば、毎年きれいな花を咲かせて楽しませてくれる。

だからといって、何年もほったらかしではいけない。数年に一度は掘り上げて、同じ種類のものを一カ所にかためて、株分けしよう。

根を傷めないようにスコップで掘り上げ、根の太い部分をハサミで切り分けて、株を二つに引き離す。株分け後、苗の根元を指でしっかり押さえつけるようにして植え付けると、しっかりと根付きやすい。その後、化成肥料をばらまいておくことも忘れないように。

作業時期は、新芽が出る前の二月頃に株分けすると、その後の生育がよくなる。

★プレゼントにしたい「サプライズコンテナ」

発芽時期の違う球根を植え込んだ寄せ植えをプレゼントするのも喜ばれそう。開花が終わったと思ったら、また別の植物が育ってきて花を咲かせるという趣向だ。

たとえば、冬の草花であるクリスマスローズとビオラの咲くコンテナの下に、ヒヤシンスやチューリップの球根を植えつけておく。温かな陽射しを感じる季節になったら、いつのまにか春の草花が芽を出し、愛らしいつぼみをつけて驚かせるという、贈り物だ。

花好きな友達に、手づくりのサプライズコンテナをプレゼントしてはいかが？

ベランダに向く植物

★南向きのベランダにおすすめの植物

マンションなどのベランダは、上にひさしがあるために雨がかかりにくく、直射日光が届きにくい。ベランダが向いている方角によっても、日差しや気温が異なるため、植える草花が違ってくる。東西南北、どの方角に向いているかによって草花の種類を変えることが、ベランダ・ガーデニング成功への近道だ。

たとえば、南向きのベランダの場合。一日中日当りがいいが、風が強く乾燥しやすい。コンクリートの照り返しで気温も上昇する。

ここでは日向を好む植物が向いていて、春はパンジー、ビオラ、プリムラなど。球根では耐陰性のあるフリージアも最適だ。花木ではバラで、病害虫に強いハイブリッドティーがおすすめだ。

★東向きのベランダにおすすめの植物

東向きは、午前中は朝の柔らかい日差しが差し込み、夕方の西日が当たらないのが特徴だ。土壌は乾燥しにくく、明るい日陰を好む植物が向いている。

南向きのベランダに向く植物は、東向きでもほぼ育てやすい。一年草のエキザカム、トレニア、宿根草のフクジュソウ、ブライダルベールなどもおすすめだ。

壁面がコンクリートなどで塞がれているときは、植物を壁から少し離して日だまりに置くか、プランターを手すりのところまで高くしてウォールハンギングにするといい。

★西向きのベランダにおすすめの植物

午前中は日が当たらず、午後に日が差し込む。東向きのベランダとは逆に、西日が入ってくるため、夜温が下がりにくいので、夏越しの植物には不向きだ。

夏は日が暮れてからベランダに打ち水をして気温を下げたり、コンテナをウッドデッキやレンガの上に置くようにするなど、通気性をよくする工夫が必要。土壌も乾燥しやすいので、水切れに注意しよう。

耐寒性のあるパンジーやビオラ、春咲きの花木ではユキヤナギも適している。

★北向きのベランダにおすすめの植物

直射日光が当たらないため、植物を育てにくい場所には違いないが、半日陰、日陰を好んで、耐寒性のある植物を選べば大丈夫。冬は冷たいコンクリートに直接、植物を置かないようにして、ウッドデッキ、レンガなどの上に乗せるなどの工夫が必要だ。

一年草ならエキザカム、宿根草ではシロタエギク、フクジュソウ、花木でもツワブキ、シャガなどは、北向きでもきれいな花を咲かせてくれる。

ハランやオモトなどの多年草、低木草本ならアイビーなどは比較的、よく育つ。

観葉植物を元気に育てるコツ

★観葉植物を元気にする方法

いつもフレッシュなグリーンでお部屋を彩ってくれる観葉植物。乾きにも強く手間要らずだが、手入れを怠っていると栄養不足で元気がなくなったり、害虫がついてしまうことも。そこで、観葉植物をリフレッシュする裏技を教えよう。

＊コーヒーの出し殻や卵の殻、茶殻、ヌカを入れる……土壌改良に効果がある。

＊米のとぎ汁やビールの飲み残しをあげる……多くのリンを含んでいるので、観葉植物が弱ってきたら肥料代わりに与える。

＊日本酒……霧吹きに入れて全体（根・葉・茎）にたっぷり吹きかけると、葉っぱの張りがよみがえってくる。掃除の際に、濡れぞうきんで葉っぱ一枚一枚を拭いて、ホコリを取るだけでもＯＫ。

害虫がついたときは、石鹸の泡か卵白を上からかけると、効果がある。

ハーブを元気に育てるコツ

★ 料理に使いやすいハーブはコレ

ハーブは元来とても丈夫で、育てやすい植物だ。水やりと水はけのよさだけ注意すれば、初心者でも失敗が少ない。料理でよく使うハーブを、小さなコンテナに植えてキッチンの小窓などで育ててみよう。

ハンバーグなどひき肉料理などによく使うのはセージやタイム、ローズマリー。イタリアンにはバジルと相性がいい。お菓子づくりにはミントやレモンバームなどがおすすめだ。

★ 料理用ハーブは挿し芽で増やす

繁殖力の強いハーブは成長も早く、簡単に増やすことができる。大きくなってきたら惜しまずに、どんどん摘んで使ったほうがいい。わき芽の少し上から摘むようにすると、わき芽が伸びてどんどん枝分かれし、新しい芽が伸びてくる。

また、挿し芽で増やすのも簡単だ。若い新芽の部分を摘んで、水の入ったカップに挿しておくだけ。数日で根を出して苗が増えていく。

ミントやタイムなどは、こまめに摘んでやるほど元気に育つ。

★ハーブの虫は牛乳で退治

料理やハーブティーなどの食用ハーブは、殺虫剤を使うのは避けたいもの。虫がつかないよう予防するには、株が蒸れないように葉っぱをどんどん摘んで、できるだけ風通しをよくしてやることが肝心だ。

ハーブはアブラムシがつきやすい。市販のハーブ用薬剤もあるが、驚くほど効き目があるのは牛乳だ。アブラムシを見つけたら、ハケで牛乳をぬりつけて退治しよう。

★相性がいいトマトとバジル

イタリアンサラダのベストカップルといえば、トマトとバジル。寄せ植えをするときは水はけなど生育条件が似ている植物を選ぶのが成功のコツだが、トマトとバジルをいっしょに植えると、両方が元気に育つ。

株が蒸れないように、コンテナの中央にトマト一株、左右にバジルの苗を植えると、風がよく通って育てやすい。

ベランダで育てるミニ菜園のすすめ

★ビニール袋で野菜作り

野菜作りには、大きめのプランターか鉢が必要だ。小さい鉢だと大きく育たないし、水やりの頻度も多くなって大変。その代わりに鉢が大きいと、移動させるにも苦労する。

そこで利用したいのが、スーパーのビニール袋だ。三枚くらい重ねて、底面に数カ所、水抜き用の穴を開け、野菜用の培養土を入れて野菜の苗を植え付ける。収穫が終わったら、野菜の葉や茎、根を取り除いて口をしっかり閉じ、直射日光の当たる場所に置いておく。

こうすれば、土の殺菌消毒ができる。再利用するときは、マグアンプや腐葉土を少し足せばＯＫだ。

★キッチンでエコ菜園

大根やカブ、ニンジンなどの根元やヘタの部分を使うと、簡単にキッチン栽培ができる。

葉付きの野菜を買って料理したとき、ヘタの部分をゴミ箱へポイッとする前に、水を入れたコップやトレーに浸しておく。葉に水がかからない程度に浸しつづけていると、一週間程度で新しい葉っぱが伸びてくる。

三つ葉や万能ネギなどは、茎を長めに残して根を短く切っておき、根の部分を水に浸して日当りのよい場所に置いておけばいい。

味噌汁やスープの具など、ちょっと葉ものが欲しいときに便利。

水に浸して、毎日水を替えるだけだから、初心者でも簡単。摘んでは伸びるエコ菜園を楽しめる。

★じゃがいものゆで汁を肥料に

じゃがいもはカリウム豊富な野菜だ。そのゆで汁にも当然、カリウムがたっぷり溶け出している。

植物に与える肥料の三大要素はリンとカリウムと窒素で、とくにカリウムは、植物の根の発育に関係するといわれる肥料だ。このカリウムいっぱいのじゃがいものゆで汁を捨てる手はない。

米のとぎ汁も同様に、植物にとっては栄養の宝庫。肥料代わりに植物に与えてリサイクルしよう。

★ベランダで育てやすい野菜はコレ

採れたての新鮮な野菜のおいしさはまた格別。狭いベランダでも、ちょっとした工夫で野菜を育てることができる。

野菜を上手に育てるコツは、深いコンテナ（プランター）で、肥料をたっぷりあげること。春の収穫を楽しむなら、ラディッシュ、イチゴ、アスパラガス。夏はオクラ、トマト、ナス。夏から秋の長いシーズンにわたって、香り爽やかなショウガ。冬はミニキャロットがおすすめだ。

★ベランダトマトを甘くするには根元に重曹

プランターで簡単に栽培できるトマトは、ベランダ菜園初心者向きの野菜だ。甘いトマトを収穫する裏ワザは、重曹だ。実が付きはじめた時期に、根元に重曹を振りかけておくだけでいい。重曹の働きで土壌が中和され、トマトの酸度が低くなるからだ。そのうえ、害虫予防にも役立つ凄ワザだ。

★悪条件でも育つ野菜はコレ

日当り、水はけ、風通しの三条件が揃えば、小さな庭や狭いベランダでもおいしい野菜を作ることができる。とはいえ、条件が揃わなくても、育てられる野菜はいろいろある。

日当りが多少悪くても育つ野菜は、コマツナ、サトイモ、シュンギクなど。日陰を好む野菜は、セリ、ミツバ、ミョウガなど。

水はけが悪い土でもＯＫな野菜は、湿度に強いサトイモ、シュンギク、セロリ、タマネギ、ミツバなど。

ただし、風通しが悪い場所ではどの野菜も育ちにくいので、注意しよう。

切り花を長持ちさせるコツ

★切り花を楽しむコツ

植木や花壇の咲いている花を切って部屋に飾るとき、満開の花を切ってはすぐにしおれてしまう。少し開きはじめたときの花や、つぼみのものを選んで切りたい。生けてから満開になるまで、長く楽しめるからだ。

長持ちさせるには、切れ味のいいハサミを使うことも大事なポイント。茎の切り口をスパッときれいに切らないと、切り口部分の繊維が崩れて、腐りやすくなるからだ。

忘れてならないのは、〝水揚げ〟。水の中に茎を浸して、切り口から数センチ上を斜めに切り落とす〝水切り〟という方法が一般的だ。切り口の断面が大きいほど吸い上げる水分量が増える。花瓶の水を替えるたびに茎を切り直す〝切り戻し〟をしてやると、より長持ちする。

★いろいろある水揚げ方法

水揚げには、前述の水切りだけでなく、さまざまな方法がある。花の種類によって、使い分けるのがベストだ。

＊水折り……水の中に茎を浸すのは水切りと同じだが、ハサミではなく手を使って折る方法。切り口の断面積が大きくなるため、吸水量が増える。トルコキキョウ、カーネーション、マーガレット、菊類など、茎の繊維が多い花材向き。

＊深水……バケツなどの深めの容器に水を入れて、新聞紙で包んだ切り花を浸けておく。

＊焼く……茎の切り口をコンロの火やライターで軽くあぶる。切り口が黒くなったらすぐ

に水に浸けて、焼いた部分を切り落とす。センニチコウ、シャクヤク、クレマチスなど、茎がスポンジ状のものや、茎から液体が出る花材向き。

＊湯上げ……熱湯にしばらく切り口を浸けたあと、すぐに水に浸ける。ヒマワリ、デルフィニュームなどの花材向き。

＊切り口を裂く……切り口をナイフで裂いたり削ったりして、焼きミョウバン、アルコールをすり込んでから水を吸わせる。茎のかたいものは、茎に十字に切れ目を入れたり、金槌などでたたいたあとで水に浸ける方法も。枝もの向き。

★粗塩で生け花が長持ち

剣山を使って花を生けるときは、水に浸けた花の茎を斜めに切り、粗塩を少量つけて三分ほどおいてから挿すと長持ちする。

また、花器の水は毎日入れ替えて清潔さを保ち、二～三日に一度は茎を切り直す切り戻しを行うこと。

また、より長く花の美しさを楽しむために、エアコンの風が当たらない場所に置くこともチェックポイントのひとつだ。

★真夏の切り花も、漂白剤で長持ち

暑い夏は、生花もすぐに弱ってしまう。水温が高くなって、花瓶の水が腐りやすいことが一因だ。

そこでひと工夫。花瓶の水に塩素系の漂白剤を数滴、垂らすのだ。漂白剤の殺菌効果でバクテリアなどの繁殖が抑えられ、花が長持ちするというわけ。

夏に限らず、いつでも使える裏ワザなので、一度試してみよう。

★氷やアルコールを入れて、真夏の生け花も長持ち

気温三〇度を超えるような真夏日が続けば、生け花もぐったりしてしまう。

花の寿命を延ばすには、低い水温を保ってやればいい。それには、水の中に一～二個の氷を入れておく。水を腐敗させる微生物が低温では発生しにくいからだ。そのとき、大さ

じ二杯のアルコールもいっしょに入れてやると、冷温をより長く保つことができる。

★蜂蜜や砂糖を入れて、寿命を延ばす

これも、炭酸飲料と同じように、糖分補給の効果が期待できる。少量のハチミツや砂糖を加えてやると、開花期間が長くなる。

★アスピリンを溶かす

頭痛薬などアスピリンでできている薬を粉状に砕いて、花瓶に入れると、切り花が長持ちする。これは、アスピリンに含まれるサリチル酸が水をきれいにするからだ。サリチル酸が加えられることで界面活性剤と同じ働きをするようになり、花の先まで水分が届きやすくなるため、切り花の元気が保たれるというわけ。

ただし、頭痛薬ならなんでもいいというわけじゃない。アスピリン成分を含む頭痛薬を使ったときに、効果がでる。

★冷蔵庫に入れる

切り花を全体を水につけて濡らしたあと、ポリ袋などに入れて、冷蔵庫に数時間入れておくと、元気になる。

★ドライフラワーの上手なつくり方

たくさん花をもらったりしたときに、ドライフラワーを作った人も多いのでは？ 普通は、壁などに吊り下げて自然乾燥させるが、もっと短時間でドライフラワーにできる裏ワザがある。それは、ドライヤーを使うこと。

熱に強い紙袋に生花を入れ、ドライヤーで一気に加熱する。このとき、花は下向きにして、熱を直接当てないことがポイントだ。

ある程度水分がなくなってきたら、袋から出して、逆さまに吊るしておく。こうすると自然乾燥で作るより、色鮮やかできれいなドライフラワーを作ることができる。

庭をきれいに整えるコツ

★雑草はフォークで草取り

真夏の暑い盛りに庭の草取りは大変！　その名のとおりたくましく生命力の強い雑草は、ただ引っ張るだけでは肝心の根が残ってしまう。表面の草を抜いても、土中に根が残ったままでは、同じところからまた生えてくるばかりだ。

そんなときは、大きめのフォークやバターナイフを草の根元に差し込み、根っこを掘り起こすようにして抜くと、きれいに取れる。

★シェードガーデンを楽しむ

せっかく土の庭があるのに、日当りが悪いとか北向きだという理由で、庭作りを諦めてはいないだろうか？

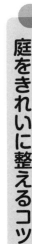

シェードガーデンとは、日陰の庭という意味。日陰が好きな植物や、半日陰にも耐えられる耐陰性の植物を植えて楽しむガーデニングを、シェードガーデンという。日照時間が少なくても元気に育つ植物を探せばいいのだ。

美しい花も楽しみたいなら、アジサイやツバキ、シャクナゲがおすすめだ。ほとんど日が差さない日陰にも耐えられる。

草花では、ワスレナグサやインパチェンス、球根性ベゴニアなど。水仙、スノードロップ、ガーデンシクラメンなど、球根植物の仲間にも半日陰で楽しめるものは多い。

また、濃い緑や斑入りの葉の美しさを愛するのも、シェードガーデンの魅力。花の華やかさもいいが、日陰ならではの落ち着いた緑のたたずまいもまた格別だ。

★熱々のゆで汁は天然の除草剤

抜いても抜いても生えてくる雑草。暖かくなるにしたがって、雑草もグングン伸びてくる。雑草が伸び放題の庭は、見た目にだらしないだけでなく、蚊や虫が大量発生する原因になる。

そんな雑草を一掃する隠しワザが、野菜を塩ゆでしたあとの、ゆで汁をかけること。熱々のゆで汁は、土にも体にもやさしいエコライフにぴったりな天然の除草剤なのだ。うどんやそばのゆで汁も同じで、雑草にかけるだけ。くたっとなった雑草を、根っこからスルスルと抜くことができる。熱々であるほど効き目が高い。

市販の除草剤を撒くと、土の回復を一週間ほど待たなければいけないが、熱湯ならば土の乾きを待つだけだから簡単だ。

★緑茶の出がらしで生き生き

植木が弱ってきたときは、緑茶の出がらしを与えるといい。

出がらしを煮出すか、水を加えて一晩おいたものを、薄めて植木にかけてやる。一週間に二、三回のペースで続けてやると、一カ月後には植木が生き生きとしてくるはず。そのあとで肥料を与え、しっかりと日に当ててやればいい。

ただし、小さい虫が発生したり、カビが生えたりすることもあるので、必ず出がらしは土の中に入れること。

グリーンカーテンを上手に育てる

★明るいグリーンカーテンにするならゴーヤがおすすめ

猛暑をしのぐには、グリーンカーテンがいちばん。節電対策にも効果があるので、ぜひ試したいもの。ツル科の植物でグリーンカーテンを作ると、見た目に涼しいだけでなく、室内の体感温度は八度も違ってくるそう。まさに、グリーンクーラーだ。

一番人気はゴーヤ。葉が柔らかくて切れ込みが深く、ライトグリーンのカーテンなので室内も明るめで爽やかな印象だ。

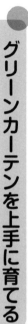

日よけ対策として育てるにはちょっとしたコツがある。それは、植え付け後、本葉が七~八枚になったところで主枝の先端を切って、わき芽を伸ばすこと。わき芽から伸びた小ヅルの葉が七~八枚になったところで、またツルの先端を摘んでわき芽を伸ばす。これを繰り返しながら、ゴーヤの葉ですき間なく埋めるように、ツルを伸ばしていくのがコツだ。

ただし、同じ場所で育てると病気になりやすい性質がある。プランターで育てる場合は、翌年の植え付け時に必ず土を交換すること。地植えの場合は、同じ場所に植えないことが鉄則だ。

★幅六〇センチのプランターに苗二本のヘチマ

カーテン状に育つツル性植物の中でも、生育が旺盛な代表格といえば、ヘチマだ。約三カ月で五メートル以上の高さまで伸びることもある。ヘチマは葉が大きく折り重なるように生えるので、日陰効果も抜群。室内温度を確実に下げるグリーンカーテンとなる。

育て方は前述のゴーヤと同様だが、葉が大きいので、たくさん植えるとうっそうとした感じになってしまうので注意したい。

幅一メートルほどの緑のカーテンにするなら、幅六〇センチほどのプランターに二本程度のヘチマの苗を植えて、ネットにはわせながら上手に枝分かれするように誘引しよう。

植物を害虫から守るコツ

★せっけんの泡で虫をアタック

にっくき害虫には、せっけんの泡が効き目がある！

バラやイチゴ、菊、梨など、甘い植物には虫もつきやすい。虫を見つけたら、泡立てた石鹸水をシュッとかけるだけ。石鹸液の粘りが、虫の気門をふさいで窒息死させるからだ。少量の卵白でも、同じ効果がある。卵の殻に残った卵白で十分。ぜひ試してみよう。

★ナメクジを退治する方法

鉢底にビーナスライトを入れると、ナメクジ除けになる。ナメクジはジトジト湿気のある場所を好むもの。ビーナスライトで鉢の中の通気性をよくしておけば、ナメクジも寄りつかないというわけだ。

また、少し深めの容器に飲み残しのビールを入れて、湿った場所に置いておくと、ナメクジが寄ってくるので、まとめて捕獲する。

★香りの植物で害虫を追い払う

虫が嫌いなハーブを植えるのも、夏のイヤな虫退治に効果的だ。たとえば、蚊はゼラニウムやラベンダーの香りが嫌い。ハエはゼラニウムやレモングラス、ゴキブリはクローブ、クモはシダーウッドの香りが苦手だ。殺虫剤のような即効性はなくても、体に安全な害虫退治ができる。

★バラのアブラムシはニンニクでガード

一緒に植えると共生効果が高いものを、コンパニオンプランツという。病害虫除けなどに効果があり、植物が元気になる。

バラのコンパニオンプランツは、なんとニンニク。病害虫がつきやすいバラの、とくにアブラムシ除けに役立つ隠しワザなのだ。

根元にニンニクの小片を、地植えで数個、コンテナで一～二個埋め込むだけ。スーパーなどで売られている食用のニンニクで十分で、植え付け時期もオールシーズンOKだ。

虫除け効果だけでなく、花数が増えて花色や香りがよくなり、黒点病やうどん粉病の予防効果も。ニンニクは香りの強いハーブともいえるが、この場合はほとんど匂わないからフシギだ。

ただし、この効果はバラがニンニクのエキスを吸い上げることで得られるもので、目に見えて効果がわかるのは三年目頃から。

★アブラムシは牛乳で退治

植物にアブラムシが付いてしまったら、牛乳で退治しよう。

日中の太陽がまぶしい時間帯に、牛乳を薄めずに霧吹きでシュッシュッ。植物の表面に牛乳の膜ができるため、アブラムシが窒息死するのだ。

不要になった歯ブラシでこすり取る方法も。一週間ほどせっせと続ければ、アブラムシを撃退できる。

とくに、ハーブや野菜など料理に使って食べる植物には有効で、植物にも人体にもまったく害がないオススメワザだ。

★ハダニはホースを使う

真夏に発生しやすいのが、ハダニ。高温で乾燥する時期に発生しやすい害虫だ。植物の葉が白っぽくなったら、ハダニだと思えばいい。

ハダニは被害が大きくなると植物が復活できなくなるので、被害にあった葉っぱはすぐに取り除き、残った葉には水圧を強くしたホースの水をたっぷりかけよう。

花壇を荒らす動物対策

★光を反射させる

一時期、猫除けに大量のペットボトルを並べている家が増えたことがあった。ペットボトルの中の水が日光に乱反射するため、キラキラする光の反射が大嫌いな猫除けアイデアとして流行したのだ。しかし、これは何の根拠もない方法で、猫が慣れるのも早く、まして夜にはまったく効果がない。

光の反射を好まない性質を利用するなら、猫を避けたい場所にＣＤや小さな手鏡を吊るして様子をみよう。

★臭いのするコーヒーかすやアロマで猫よけ

猫が苦手な臭いのするもの、乾燥したカラシや、唐辛子、コーヒーかす、乾燥ローズマリーを撒くことで、猫が近づかないようにする隠しワザも。コットンボールにスポイトでシナモンやレモン、レモングラスなどのアロマを垂らし、鉢植えの土に押し込んでおくのも効果的だ。

ラベンダーやローズマリーを乾燥させ、ゆでて、煎じ液を鉢植えにスプレーしてもいい。猫にも安全だし、植物も傷めない裏ワザだ。

ただし、猫が臭いに慣れてきたら、ほかの臭いを試して効果を持続させよう。

★ミントの葉っぱで猫よけ

草が大好きな猫が、花壇や鉢を荒らして困ることがある。猫は、フカフカと柔らかい土を掘るのが大好きなのだが。また、グルーミングで飲み込んだ毛玉を吐き出すために、細長くとがった葉を好む猫も多い。

いずれにしても、草を食べたがる猫にとって、花壇や鉢花はごちそうなのだ。

猫が食べるのを防ぐには、土の上に猫が嫌がる臭いのするものをまいておこう。ミントの葉っぱやタバコの吸い殻をパラパラと撒いておくと効果がある。

★モグラはつぶしたニンニクで追い出す

朝起きると、庭のあちこちに盛り土ができてボコボコになっていてビックリ。どうやらモグラが入り込んだようす。そんなときは、モグラが穴の土を放り出してできた盛り土を取り除いて、入り口につぶしたニンニクを入れるといい。

しばらくすると、モグラがいなくなる。

おうち時間が楽しくなる!
家事の裏ワザ

編著者　生活の達人倶楽部
発行者　真船美保子
発行所　KK ロングセラーズ
東京都新宿区高田馬場 2-1-2　〒 169-0075
電話（03）3204-5161(代)　振替 00120-7-145737
http://www.kklong.co.jp

印刷・製本　大日本印刷(株)

ISBN978-4-8454-5141-8 C2277 Printed In Japan 2021